Printed in the USA

Latvian Language:
101 Latvian Verbs

By Helmuts Kauss

Contents

Introduction to Latvian Verbs

Verbs are integral to Latvian grammar. They are the backbone of Latvian because hardly any sentences in Latvian can be written or spoken without at least one verb. There are many different verbs in Latvian, and to be fluent in this language, you must learn them by heart.

The verb in Latvian has an infinitive, which is the basic form of the verbs.

The verb in Latvian has three grammatical persons, two numbers, three verb tenses, three conjugation classes, three complex tenses, four participles, two voices, and five moods.

Grammatical Persons

In Latvian, there are three grammatical persons: first person, second person, and third person. To make it easier to understand, let's look at a simple example with the verb *skriet* ("to run") in three persons. The table below compares the use of the verb in English and Latvian.

Person	Latvian	English
First	*Es skrēju*	I ran
Second	*Tu skrēji*	You ran
Third	*Viņa, viņš, tas/tā skrēja*	She, he, it ran

As in English, there are pronouns in Latvian: *es* (I), *tu* (you), and *viņš/viņa* (he/she), but the person is marked by the verb endings. The endings are called suffixes. There are exceptions, but usually the verb forms in Latvian are the following:

1. Suffix *-u* means a first person singular subject.

2. Suffix *-i* means a second person singular subject.

3. Suffix *-a* means a third person singular subject.

Number

In Latvian, verbs also have a number. There is singular and plural. Look at the following table to understand the use of a verb number in Latvian:

	Skriet in past tense		*Skriet* in future tense	
Person	Singular	Plural	Singular	Plural

First person	skrēj-u	skrējā-m	skrieš-u	skriesi-m
Second person	skrēj-i	skrējā-t	skries-i	skriesi-t
Third person	skrēja		skries	

Regarding the verb number, you must learn that:

A. The third person singular and third person plural verb forms are identical for all Latvian verbs.

B. The first person plural form always ends with -*m*.

C. The second person plural form always ends with -*t*.

D. The third person form does not always end with -*a*. There might be no ending to show that it is third person.

Infinitive
The basic verb form in Latvian is the infinitive, which is a verb's root form. This form is used in dictionaries. Both English and Latvian have the infinitive verb form, but the only difference is that instead of the preposition "to" used in English, the infinitive form is marked by the suffix -*t* in Latvian.

Here are a few examples of Latvian infinitives:
Būt ("to be"), *darīt* ("to do"), *dziedāt* ("to sing"), *iet* ("to go"), *lietot* ("to use")

Tenses
There are three simple tenses in Latvian and three complex tenses. Let's start with the simple tenses: past, present, and future.

Here are a few examples of the simple tenses in Latvian:

Past tense	Present tense	Future tense
Es lasīju grāmatu.	*Es lasu grāmatu.*	*Es lasīšu grāmatu.*
I read a book.	I'm reading a book.	I will read a book.

Future tense

First, future tense in Latvian is always marked by a suffix -š, -s, or -si. You easily form future tense in Latvian by adding one of these three suffixes to the verb stem and then adding the person and number suffix (1.p.sg. (first person singular) -u, 2.p.sg. -i, and so on).

In this table, you can see the future tense suffix + the person and number suffix.

	Future suffix	Person + number suffix
1.p.sg.	-š	-u
2.p.sg	-s	-i
3.p.	-s	
1.p.pl.	-si	-m
2.p.pl.	-sie	-t

Some examples of future tense in Latvian:

Infinitive	1.p.sg.	2.p.sg.	3.p.	1.p.pl.	2.p.pl.
rakt-t (to dig)	rak-š-u	rak-s-i	rak-s	raks-si-m	rak-sie-t

Past tense

As in the future tense in Latvian, the past tense also includes suffixes. First, look at the following table and then read the explanation to understand the past tense in Latvian.

Infinitive	1.p.sg.	2.p.sg.	3.p.	1.p.pl.	2.p.pl.
grib-ē-t	grib-ē-ju	grib-ēj-i	grib-ēj-a	grib-ēj-ām	grib-ēj-āt

Some verbs in the table have a long vowel(ē) that follows the root and precedes the suffix. This is called the thematic vowel. Its use has developed over the history of Latvian, and there is no reason that some verbs have a -ē thematic vowel and others have a different thematic vowel. You must learn all thematic vowels of the verbs.

Present tense

There is a difference between the present tense and the past tense in Latvian. The difference is that a thematic verb (a verb with a thematic vowel) does or does not have a thematic vowel. Look at the following table and read the explanation following it.

Infinitive	Present tense	Past tense
raud-ā-t	raud-u	raud-āj-u
las-ī-t	las-u	las-īj-u

In the above table, you can see that the thematic vowel is not in the present tense, but it is in the past tense. Does that mean that the thematic vowel is always used in the past tense and never in the present tense? No. Look at the following table. The present tense and the past tense are identical. You can tell this by the context of a text. The thematic vowel is not used to mark the present tense only in specific verbs. There are many verb forms, and this process is called conjugation.

Infinitive	Present tense	Past tense
spēl-ē-t	spēl-ēj-u	spēl-ēj-u
run-ā-t	run-āj-u	run-āj-u

Complex tense

In Latvian, there are three complex tenses: complex present, complex past, and complex future.

Complex past tense

This tense is used when a completed action precedes **a past action** with which it is compared. *Kad Rita ienāca, Roberts jau **bija nomazgājis** visus traukus.* "When Rita entered, Robert had already washed all (the) dishes."

In the above example, the main action is described as already having been completed when "Rita entered."

Complex future tense

The complex future tense is used when a completed action precedes a future action with which it is compared.

Kad Rita ienāks, mēs jau būsim nodziedājuši visas himnas. "When Rita comes in, we will have already sung all (the) hymns."

Complex present tense

The complex present tense is used when one action precedes another in the present tense. *Jānis ir paēdis un tagad lasa avīzi.* "Jānis has eaten and is now reading the newspaper."

Participles in Latvian

A participle is formed from a verb, but it cannot function as the only verb in the clause, for example, a simple sentence. Latvian uses many participles.

The masculine past active participle is formed from the imperfect stem by adding *-is;* masculine plural has *-uši* instead of *-is.* The feminine singular has *–usi,* and feminine plural has *-ušas.* Masculine singular from reflexive verbs is formed with the ending *-ies,* masculine plural has *-ušies,* the feminine singular has *-usies,* and feminine plural has *-ušas.*

In the case of verbs that have an imperfect tense radical in *c* or *k,* or *g* or *dz,* in the past participle, *k* or *g* replaces *c* or *dz* in all cases of the masculine, except nominative singular.

Past particle passive

The past participle passive can typically be formed only from transitive verbs. The masculine nominative of past participle passive is formed by adding *-s* to the infinitive form of the active verb. The participle is used as an adjective, and it has the same declension rules as adjectives.

Present participle active in *-dams*

This participle exists only in the nominative. It has masculine and feminine, singular and plural forms. The verb participle with *-dams* is formed from the infinitive stem by adding *-dam-* and the corresponding ending. If the imperfect stem ends with *-z, -t,* or *–d,* then *-z-* is written in the *-dams* participle.

Present participle active in *-ošs*

The present participle in *-ošs* is formed from intransitive verbs. They are formed from the stem of the first person singular of the present tense by adding *-ošs.* For verbs of the fourth group of first conjugation with infinitives *-st, -zt,* the participle is formed from the unpalatalized second person singular. The participle is used as an adjective, and it has the same declension rules as adjectives.

Participle present active in *-ot*

The verbal indeclinable participle in *-ot* may be formed from transitive and intransitive verbs. The participle is formed from the stem of the first person singular of the present tense by adding *-ot.* For reflexive form, *-oties* is added correspondingly.

Present participle passive

The present participle passive is formed by adding -s to the first person plural form of the present tense. Therefore, it ends with -āms for the first and second group verbs of third conjugation and with -ams in other cases. Mostly, the participle is used as an adjective, and it has the same declension rules as adjectives.

Conjugation of verbs in Latvian

In Latvian grammar, there are three verb conjugation classes. The most complicated conjugation class is the first, so let us start with the second conjugation class, and it will be easier to understand the other classes.

Second conjugation

This conjugation class includes verbs with a thematic vowel, and the thematic vowel is used in all tenses. The second conjugation contains verbs derived with suffixes -ā, -č -o, -ī, -alč, -aīā, -elč, -uīo and that have a lengthening syllable in imperfect and present tenses. In present tense active, the verbs lose the final -j in second person singular and third person singular, plural. In the second conjugation, there are thousands of verbs, for example, *dejot* ("to dance"), *lidot* ("to fly"), *runāt* ("to speak"), and *medīt* ("to hunt").

The form endings are given in the following table:

Verb	Tense	Singular first pers.	Singular second pers.	Singular third pers.	Plural first pers.	Plural second pers.	Plural third pers.
active	Present	-u	-	-	-am	-at	-
active	Imperfect	-u	-i	-a	-ām	-āt	-a
active	Future	-u	-i		-im	-it, -iet	
active	Imperative	-			-im	-iet	
reflexive	Present	-os	-ies	-ās	-āmies	-āt	-ās
reflexive	Imperfect	-os	-ies	-ās	-āmies	-āties	-ās
reflexive	Future	-os	-ies	-ies	-imies	-ieties, -ities	-ies
reflexive	Imperative	-	-ies	-as	-imies	-ieties	-as

Third conjugation

The verbs in this conjugation class include verbs with a thematic vowel, but there are no thematic vowels in the simple present tense. Third conjugation contains verbs derived with suffixes -ā, -ē, -ē, -inā and that have a lengthening syllable in the imperfect tense.

These verbs are divided into three groups:
- The first group contains verbs with the suffix *-inā*.
- The second group contains verbs with the suffix *-ī*; verbs ending with *-cīt* (except *mācīt, mīcīt*) and *-dzīt* have *-k-* for *-c-* and *-g-* for *-dz-* throughout the present tense and imperative.
- The third group contains verbs with the suffix *-ā* or *-ē*; verbs *gulēt, sēdēt* have present palatalization (except in the second person singular present and imperative and the second person plural imperative); verbs *tecēt, mācīt* have present depalatalization, except that *tecēt* keeps the palatal *c* in the second person singular.

The form endings are given in the following table. In the present tense set of endings, the endings differ for the first, second, and third groups.

Verb	Tense	Singular first pers.	Singular second pers.	Singular third pers.	Plural first pers.	Plural second pers.	Plural third pers.
active	Present, 1., 2. group	-u	-i	-	-ām	-āt	-
active	Present, 3. group	-u	-i	-	-am	-at	-
active	Imperfect	-u	-i	-a	-ām	-āt	-a
active	Future	-u	-i		-im	-it, -iet	
active	Imperative, 1., 2. group	-	-i	-a	-im	-iet	-a
active	Imperative, 3.group	-	-i	-	-im	-iet	-
reflexive	Present, 1., 2. group	-os	-ies	-ās	-āmies	-āt	-ās
reflexive	Present, 3.group	-os	-ies	-as	-amies	-aties	-as
reflexive	Imperfect	-os	-ies	-ās	-āmies	-āties	-ās
reflexive	Future	-os	-ies	-ies	-imies	-ieties, -ities	-ies
reflexive	Imperative	-	-ies	-as	-imies	-ieties	-as

First conjugation

The first conjugation contains all monosyllabic infinitive verbs and their compounds. The verbs of the first conjugation are divided into five groups.

The **first group** contains verbs:

- With the same infinitive, present and past stem, for example, *augt-augu-augu*
- With alternation between closed and opened *e, ē*, for example, *bēgt-bēgu-bēgu*
- With *ī* in infinitive stem and *in* in present and past stems, for example, *mīt-minu-minu*
- With *ie* in infinitive stem, *ej* in present stem, and *ēj* in past stem, for example, *liet-leju-lēju*;
- With *ī* in infinitive stem and *ij* in present and past stems, for example, *vīt-viju-viju*
- With the consonant palatalization in the end of the root, for example, *nākt-nāku-nācu*

The **second group** contains verbs with alternation of root vowels:

- *i-ē-i*, for example, *cirpt-cērpu-cirpu*
- *i-e-i*, for example, *krimst-kremtu-krimtu*
- *i-ie-i*, for example, *likt-lieku-liku*

The **third group** contains verbs:

- With the following alternations in infinitive and present roots: *a-o-a, i-ī-i, u-ū-u*, for example, *rakt-roku-raku, krist-krīu-kritu, just-jūu-jutu*
- Such as the verb *tikt*
- With *aun, ien* in the present stem, for example, *siet-sienu-sēju*

The **fourth group** contains verbs:

- That end with a *j* in the present root, for example, *glābt-glābju-glābu*
- With the infinitive ending in *-kt* or *-gt* and *-c* or *-dz* in present and imperfect tenses, for example, *braukt-braucu-braucu*
- With consonant palatalization in the end of the root: *s-š-t, s-ž-d, s-š-s, z-ž-z, l-ļ-l*, for example, *pūst-pūšu-pūtu, laist-laižu-laidu, dzēst-dzēšu-dzēsu, lauzt-laužu-lauzu, celt-ceļu-cēlu*
- That end with *r*, for example, *bērt-beru-bēru*

The **fifth group** contains verbs that end with *st* in the present root, for example, *kūst-kūstu-kūstu*.

The verbs of the fifth group palatalize the final consonant of the stem in the present tense only, except in the second person singular.

m	mj	stum - stumj

In the case of verbs that end with *-k, -g* in the infinitive, the *-k* is palatalized to *–c*, and *-g* is palatalized to *-dz* in second person singular, for example, *roc - rok*.

The form endings are given in the following table:

Verb	Tense	Singular first pers.	Singular second pers.	Singular third pers.	Plural first pers.	Plural second pers.	Plural third pers.
active	Present	-u	-	-	-am	-at	-

active	Present, 5 group, 3 group that ends with *p, t, d*	-u	-i	-	-am	-at	-
active	Imperfect	-u	-i	-a	-ām	-āt	-a
active	Future	-u	-i		-im	-it, -iet	
active	Imperative	-			-im	-iet	
reflexive	Present	-os	-ies	-as	-amies	-aties	-as
reflexive	Imperfect	-os	-ies	-ās	-āmies	-āties	-ās
reflexive	Future	-os	-ies	-ies	-imies	-ieties, -ities	-ies
reflexive	Imperative	-	-ies	-as	-imies	-ieties	-as

Mood in Latvian

There are five verb moods in Latvian: indicative, imperative, conditional, conjunctive, and debitive.

1. **Indicative** mood is possible in all three simple and all three complex tenses in Latvian. Indicative mood expresses all the meanings that the other moods do not.
   - *Rita lasa grāmatu.* [Simple present tense] "Rita is reading (a/the) book."
   - *Rita lasīja grāmatu.* [Simple past tense] "Rita was reading (a/the) book."
   - *Rita lasīs grāmatu.* [Simple future tense] "Rita is going to read (a/the) book."
   - *Rita ir izlasījusi grāmatu.* [Complex present tense] "Rita has read (a/the) book."
   - *Rita bija izlasījusi grāmatu.* [Complex past tense] "Rita had read (a/the) book."
   - *Rita būs izlasījusi grāmatu.* [Complex future tense] "Rita will have read (a/the) book."

2. **Imperatives** are mostly generated from the verb's present stem, except in the first person plural, which is similar to the first person plural of the simple future tense. The formation of imperatives is shown in the following table.

	Active	Reflexive
1st sing.	-	-
2nd sing.	2nd sing. of present tense	2nd sing. of present stem
3rd sing.	*lai* + 3rd of present tense	*lai* + 3rd of present tense
1st plur.	1st plur. of future tense	1st plur. of future tense
2nd plur.	present stem + *-iet*	present stem + *-ieties*
3rd plur.	*lai* + 3rd of present tense	*lai* + 3rd of present tense

3. **Conditional** mood is formed by adding -*u* to the infinitive for active verbs and adding -*os* to the infinitive for reflexive verbs.

4. **Conjunctive** mood is used to imply some doubt in the mind of the speaker or writer about the truth of a statement. The conjunctive mood's present tense is identical to the indeclinable participle active in -*ot* or -*oties*. The conjunctive mood's future tense is formed from the first person singular of the future indicative, substituting the ending -*ot (-oties)* in place of the -*u (-os)*.

    In perfect tenses, the indicative auxiliaries *esmu, esi, ir,* and so on are replaced by the corresponding *esot* and *būšu, būsi, būs* by the corresponding *būšot*.

    Similarly, in debitive mood, *ir* is replaced with *esot* and *būs* with *būšot*. The conjunctive passive forms are simply derived from the indicative passive by replacing *tieku, tiec, tiek,* and so on with *tiekot* and *tiku, tiki, tika,* and so on with *tikšot*.

5. The basic form of the **debitive** mood is formed from the third person of the present tense by adding the prefix *jā-*. This basic form is then construed with the appropriate tense of the verb *būt* and the dative of the appropriate noun or pronoun. In the present tense, the *ir* is typically omitted.

Voice in Latvian grammar

Latvian also has only two voices: active and passive:

1. The active voice shows the relation between the action and the doer. The doer is in nominative.

    Bērns lasa grāmatu. ("The boy is reading a book.")

2. The passive voice shows the relation between the action and the listener. The listener is in nominative, the doer is unknown. Latvian passive is formed by a helping verb and the main verb's past passive participle form. Latvian passive construction has a choice among four possible helping verbs: *tikt, tapt,* and *kļūt* (all of which mean "to become"), and *būt* ("to be").

    Grāmata tiek lasīta. ("The book is being read.")

Verb conjugation in Latvian

To accept (Pieņemt)

		Indicative						Imperative
		Present	Past	Future	Complex present	Complex past	Complex future	
1.p.sg.	Es (I)	Pieņemu	Pieņēmu	Pieņemšu	Esmu pieņēmis	Biju pieņēmis	Būšu pieņēmis	
2.p.sg.	Tu (You)	Pieņem	Pieņēmi	Pieņemsi	Esi pieņēmis	Biji pieņēmis	Būsu pieņēmis	Pieņem
3.p.sg.	Viņš (He)	Pieņem	Pieņēma	Pieņems	Ir pieņēmis	Bija pieņēmis	Būs pieņēmis	Lai pieņem
1.p.pl.	Mūs (We)	Pieņemam	Pieņēmām	Pieņemsim	Esam pieņēmuši	Bijām pieņēmuši	Būsim pieņēmuši	Pieņemsim
2.p.pl.	Jūs (You)	Pieņemat	Pieņēmāt	Pieņemsiet	Esat pieņēmuši	Bijāt pieņēmuši	Būsiet pieņēmuši	Pieņemiet
3.p.pl.	Viņi (They)	Pieņem	Pieņēma	Pieņems	Ir pieņēmuši	Bija pieņēmuši	Būs pieņēmuši	Lai pieņem

Conjunctive		Participles	
Present	Pieņemot	Present active 1(Adj.)	Pieņemošs
Past	Esot pieņēmis	Present active 2 (Adv.)	Pieņemdams
Future	Pieņemšot	Present active 3 (Adv.)	Pieņemot
Imperative	Lai pieņemot	Present active 4 (Obj.)	Pieņemam
Conditional		Past active	Pieņēmis
Present	Pieņemtu	Present passive	Pieņemams
Past	Būtu pieņēmis	Past passive	Pieņemts
Debitive		**Nominal forms**	
Indicative	(būt) jāpieņem	Infinitive	Pieņemt
Conjunctive 1	Esot jāpieņem	Negative infinitive	Nepieņemt
Conjunctive 2	Jāpieņemot	Verbal noun	Pieņemšana

To admit (atzīt)

		Indicative						Imperative
		Present	Past	Future	Complex present	Complex past	Complex future	
1.p.sg.	Es (I)	Atzīstu	Atzinu	Atzīšu	Esmu atzinis	Biju atzinis	Būšu atzinis	
2.p.sg.	Tu (You)	Atzīsti	Atzini	Atzīsi	Esi atzinis	Biji atzinis	Būsi atzinis	Atzīsti
3.p.sg.	Viņš (He)	Atzīst	Atzina	Atzīs	Ir atzinis	Bija atzinis	Būs atzinis	Lai atzīst
1.p.pl.	Mēs (We)	Atzīstam	Atzinām	Atzīsim	Esam atzinuši	Bijām atzinuši	Būsim pieņēmuši	Atzīsim
2.p.pl.	Jūs (You)	Atzīstat	Atzināt	Atzīsiet	Esat atzinuši	Bijāt atzinuši	Būsiet pieņēmuši	Atzīstiet
3.p.pl.	Viņi (They)	Atzīst	Atzina	Atzīs	Ir atzinuši	Bija atzinuši	Būs pieņēmuši	Lai atzīst

Conjunctive		Participles	
Present	Atzīstot	Present active 1(Adj.)	Atzīstošs
Past	Esot atzinisi	Present active 2 (Adv.)	Atzīdams
Future	Atzīšot	Present active 3 (Adv.)	Atzīstot
Imperative	Lai atzīstot	Present active 4 (Obj.)	Atzīstam
Conditional		Past active	Atzinis
Present	Atzītu	Present passive	Atzīstams
Past	Būtu atzinis	Past passive	Atzīts
Debitive		Nominal forms	
Indicative	(būt) jāatzīst	Infinitive	Atzīt
Conjunctive 1	Esot jāatzīst	Negative infinitive	Neatzīt
Conjunctive 2	Jāatzīstot	Verbal noun	Atzīšana

To answer (Atbildēt)

		Indicative						Imperative
		Present	Past	Future	Complex present	Complex past	Complex future	
1.p.sg.	Es (I)	Atbildu	Atbildēju	Atbildēšu	Esmu atbildējis	Biju atbildējis	Būšu atbildējis	
2.p.sg.	Tu (You)	Atbildi	Atbildēji	Atbildēsi	Esi atbildējis	Biji atbildējis	Būsi atbildējis	Atbildi
3.p.sg.	Viņš (He)	Atbild	Atbildēja	Atbildēs	Ir atbildējis	Bija atbildējis	Būs atbildējis	Lai atbild
1.p.pl.	Mēs (We)	Atbildām	Atbildējām	Atbildēsim	Esam atbildējuši	Bijām atbildējuši	Būsim atbildējuši	Atbildēsim
2.p.pl.	Jūs (You)	Atbildāt	Atbildējāt	Atbildēsiet	Esat atbildējuši	Bijāt atbildējuši	Būsiet atbildējuši	Atbildiet
3.p.pl.	Viņi (They)	Atbild	Atbildēja	Atbildēs	Ir atbildējuši	Bija atbildējuši	Būs atbildējuši	Lai atbild

Conjunctive		Participles	
Present	Atbildot	Present active 1(Adj.)	Atbildošs
Past	Espt atbildējis	Present active 2 (Adv.)	Atbildēdams
Future	Atbildēšot	Present active 3 (Adv.)	Atbildot
Imperative	Lai atbildot	Present active 4 (Obj.)	Atbildam
Conditional		Past active	Atbildējis
Present	Atbildētu	Present passive	Atbildēdams
Past	Būtu atbildējis	Past passive	Atbildēts
Debitive		**Nominal forms**	
Indicative	(būt) jāatbild	Infinitive	Atbildēt
Conjunctive 1	Esot jāatbild	Negative infinitive	Neatbildēt
Conjunctive 2	Jāatbildot	Verbal noun	Atbildēšana

To appear (parādīties)

		Indicative						Imperative
		Present	Past	Future	Complex present	Complex past	Complex future	
1.p.sg.	Es (I)	Parādos	Parādījos	Parādīšos	Esmu parādījies	Biju parādījies	Būšu parādījies	
2.p.sg.	Tu (You)	Parādies	Parādījie	Parādīsies	Esi parādījies	Biji parādījies	Būsi parādījies	Parādies
3.p.sg.	Viņš (He)	Parādās	Parādījās	Parādīsies	Ir parādījies	Bija parādījies	Būs parādījies	Lai parādās
1.p.pl.	Mēs (We)	Parādāmies	Parādījāmies	Parādīsimies	Esam parādījušies	Bijām parādījušies	Būsi parādījušies	Parādīsimies
2.p.pl.	Jūs (You)	Parādāties	Parādījāties	Parādīsieties	Esat parādījušies	Bijāt parādījušies	Būsiet parādījušies	Parādiesieties
3.p.pl.	Viņi (They)	Parādās	Parādījās	Parādīsies	Ir parādījušies	Bija parādījušies	Būs parādījušies	Lai parādās

Conjunctive		Participles	
Present	Parādoties	Present active 1(Adj.)	Parādošs
Past	Esot parādījies	Present active 2 (Adv.)	Parādīdamies
Future	Pārādoties	Present active 3 (Adv.)	Parādoties
Imperative	Lai parādoties	Present active 4 (Obj.)	Parādamies
Conditional		Past active	Parādāmies
Present	Parādītos	Present passive	Pieņemams
Past	Būtu parādījies	Past passive	Pieņemts
Debitive		**Nominal forms**	
Indicative	(būt) jāparādās	Infinitive	Parādīties
Conjunctive 1	Esot jāparādās	Negative infinitive	Neparādīties
Conjunctive 2	Jāparādoties	Verbal noun	Parādīšanās

To ask (jautāt)

		Indicative						Imperative
		Present	Past	Future	Complex present	Complex past	Complex future	
1.p.sg.	Es (I)	Jautāju	Jautāju	Jautāšu	Esmu jautājis	Biju jautājis	Būšu jautājis	
2.p.sg.	Tu (You)	Jautā	Jautāji	Jautāsi	Esi jautājis	Biji jautājis	Būsi jautājis	Jautā
3.p.sg.	Viņš (He)	Jautā	Jautāja	Jautās	Ir jautājis	Bija jautājis	Būs jautājis	Jai jautā
1.p.pl.	Mēs (We)	Jautājam	Jautājām	Jautāsim	Esam jautājuši	Bijām jautājuši	Būsim jautājuši	Jautāsim
2.p.pl.	Jūs (You)	Jautājat	Jautājāt	Jautāsiet, jautāsit	Esat jautājuši	Bijāt jautājuši	Būsiet jautājuši	Jautājiet
3.p.pl.	Viņi (They)	Jautā	Jautāja	Jautās	Ir jautājuši	Bija jautājuši	Būs jautājuši	Lai jautā

Conjunctive		Participles	
Present	Jautājot	Present active 1(Adj.)	Jautājošs
Past	Esot jautājis	Present active 2 (Adv.)	Jautādams
Future	Jautāšot	Present active 3 (Adv.)	Jautājot
Imperative	Lai jautājot	Present active 4 (Obj.)	Jautājam
Conditional		Past active	Jautājis
Present	Jautātu	Present passive	Jautājams
Past	Būtu jautājis	Past passive	Jautāts
Debitive		**Nominal forms**	
Indicative	(būt) jājautā	Infinitive	Jautāt
Conjunctive 1	Esot jājautā	Negative infinitive	Nejautāt
Conjunctive 2	Jājautājot	Verbal noun	Jautāšana

To be (būt)

		Indicative						Imperative
		Present	Past	Future	Complex present	Complex past	Complex future	
1.p.sg.	Es (I)	Esmu	Biju	Būšu	Esmu bijis	Biju bijis	Būšu bijis	
2.p.sg.	Tu (You)	Esi	Biji	Būsi	Esi bijis	Biji bijis	Būsi bijis	Esi
3.p.sg.	Viņš (He)	Ir	Bija	Būs	Ir bijis	Bija bijis	Būs bijis	Lai ir
1.p.pl.	Mēs (We)	Esam	Bijām	Būsim	Esam bijuši	Bijām bijuši	Būsim bijuši	Būsim
2.p.pl.	Jūs (You)	Esat	Bijāt	Būsiet	Esat bijuši	Bijāt bijuši	Būsiet bijuši	Esiet
3.p.pl.	Viņi (They)	Ir	Bija	Būs	Ir bijuši	Bija bijuši	Būs bijuši	Lai ir

Conjunctive		Participles	
Present	Esot	Present active 1 (Adj.)	Esošs
Past	Esot bijis	Present active 2 (Adv.)	Būdams
Future	Būšot	Present active 3 (Adv.)	Esot
Imperative	Lai esot	Present active 4 (Obj.)	Esam
Conditional		Past active	Bijis
Present	Būtu	Present passive	—
Past	Būtu bijis	Past passive	Būts
Debitive		**Nominal forms**	
Indicative	(Būt) jābūt	Infinitive	Būt
Conjunctive 1	Esot jābūt	Negative infinitive	Nebūt
Conjunctive 2	Jāesot, jābūtot	Verbal noun	Būšana

To be able to (varēt)

		Indicative						Imperative
		Present	Past	Future	Complex present	Complex past	Complex future	
1.p.sg.	Es (I)	Varu	Varēju	Varēšu	Esmu varējis	Biju varējis	Būšu varējis	
2.p.sg.	Tu (You)	Vari	Varēji	Varēsi	Esi varējis	Biji varējis	Būsi varējis	Vari
3.p.sg.	Viņš (He)	Var	Varēja	Varēs	Ir varējis	Bija varējis	Būs varējis	Lai var
1.p.pl.	Mēs (We)	Varam	Varējām	Varēsim	Esam varējuši	Bijām varējuši	Būsim varējuši	Varēsim
2.p.pl.	Jūs (You)	Varat	Varējāt	Varēsiet	Esat varējuši	Bijāt varējuši	Būsiet varējuši	Variet
3.p.pl.	Viņi (They)	Var	Varēja	Varēs	Ir varējuši	Bija varējuši	Būs varējuši	Lai var

Conjunctive		Participles	
Present	Varot	Present active 1(Adj.)	Varošs
Past	Esot varējis	Present active 2 (Adv.)	Varēdams
Future	Varēšot	Present active 3 (Adv.)	Varot
Imperative	Lai varot	Present active 4 (Obj.)	Varam
Conditional		Past active	Varējis
Present	Varētu	Present passive	Varams
Past	Būtu varējis	Past passive	Varēts
Debitive		**Nominal forms**	
Indicative	(Būt) jāvar	Infinitive	Varēt
Conjunctive 1	Esot jāvar	Negative infinitive	Nevarēt
Conjunctive 2	Jāvarot	Verbal noun	Varēšana

To become (kļūt)

		Indicative						Imperative
		Present	Past	Future	Complex present	Complex past	Complex future	
1.p.sg.	Es (I)	Kļūstu	Kļuvu	Kļūšu	Esmu kļuvis	Biju kļuvis	Būšu kļuvis	
2.p.sg.	Tu (You)	Kļūsti	Kļuvi	Kļūsi	Esi kļuvis	Biji kļuvis	Būsi kļuvis	Kļūsti
3.p.sg.	Viņš (He)	Kļūst	Kļuva	Kļūs	Ir kļuvis	Bija kļuvis	Būs kļuvis	Lai kļūst
1.p.pl.	Mēs (We)	Kļūstam	Kļuvām	Kļūsim	Esam kļuvuši	Bijām kļuvuši	Būsim kļuvuši	Kļūsim
2.p.pl.	Jūs (You)	Kļūstat	Kļuvāt	Kļūsiet	Esat kļuvuši	Bijāt kļuvuši	Būsiet kļuvuši	Kļūstiet
3.p.pl.	Viņi (They)	Kļūst	Kļuva	Kļūs	Ir kļuvuši	Bija kļuvuši	Būs kļuvuši	Lai kļūst

Conjunctive		Participles	
Present	Kļūstot	Present active 1(Adj.)	Kļūstošs
Past	Esot kļuvis	Present active 2 (Adv.)	Kļūdams
Future	Kļūšot	Present active 3 (Adv.)	Kļūstot
Imperative	Lai kļūstot	Present active 4 (Obj.)	Kļūstam
Conditional		Past active	Kļuvis
Present	Kļūtu	Present passive	Kļūstams
Past	Būtu kļuvis	Past passive	Kļūts
Debitive		Nominal forms	
Indicative	(Būt) jākļūst	Infinitive	Kļūt
Conjunctive 1	Esot jākļūst	Negative infinitive	Nekļūt
Conjunctive 2	Jākļūstot	Verbal noun	Kļūšana

To begin (uzsākt)

		Indicative						Imperative
		Present	Past	Future	Complex present	Complex past	Complex future	
1.p.sg.	Es (I)	Uzsāku	Uzsāku	Uzsākšu	Esmu uzsācis	Biju uzsācis	Būšu uzsācis	
2.p.sg.	Tu (You)	Uzsāc	Uzsāki	Uzsāksi	Esi uzsācis	Biji uzsācis	Būsi uzsācis	Uzsāc
3.p.sg.	Viņš (He)	Uzsāk	Uzsāka	Uzsāks	Ir uzsācis	Bija uzsācis	Būs uzsācis	Lai uzsāk
1.p.pl.	Mēs (We)	Uzsākam	Uzsākām	Uzsāksim	Esam uzsākuši	Bijām uzsākuši	Būsim uzsākuši	Uzsāksim
2.p.pl.	Jūs (You)	Uzsākat	Uzsākāt	Uzsāksiet	Esat uzsākuši	Bijāt uzsākuši	Būsiet uzsākuši	Uzsāciet
3.p.pl.	Viņi (They)	Uzsāk	Uzsāka	Uzsāks	Ir uzsākuši	Bija uzsākuši	Būs uzsākuši	Lai uzsāk

Conjunctive		Participles	
Present	Uzsākot	Present active 1(Adj.)	Uzsākošs
Past	Esot uzsācis	Present active 2 (Adv.)	Uzsākdams
Future	Uzsākšot	Present active 3 (Adv.)	Uzsākot
Imperative	Lai uzsākot	Present active 4 (Obj.)	Uzsākam
Conditional		Past active	Uzsācis
Present	Uzsāktu	Present passive	Uzsākams
Past	Būtu uzsācis	Past passive	Uzsākts
Debitive		**Nominal forms**	
Indicative	(Būt) jāuzsāk	Infinitive	Uzsākt
Conjunctive 1	Esot jāuzsāk	Negative infinitive	Neuzsākt
Conjunctive 2	Jāuzsākot	Verbal noun	Uzsākšana

To break (lauzt)

		Indicative						Imperative
		Present	Past	Future	Complex present	Complex past	Complex future	
1.p.sg.	Es (I)	Laužu	Lauzu	Lauzīšu	Esmu lauzis	Biju lauzis	Būšu lauzis	
2.p.sg.	Tu (You)	Lauz	Lauzi	Lauzīsi	Esi lauzis	Biji lauzis	Būsi lauzis	Lauz
3.p.sg.	Viņš (He)	Lauž	Lauza	Lauzīs	Ir lauzis	Bija lauzis	Būs lauzis	Lai lauž
1.p.pl.	Mēs (We)	Laužam	Lauzām	Lauzīsim	Esam lauzuši	Bijām lauzuši	Būsim lauzuši	Lauzīsim
2.p.pl.	Jūs (You)	Laužat	Lauzāt	Lauzīsiet	Esat lauzuši	Bijāt lauzuši	Būsiet lauzuši	Lauziet
3.p.pl.	Viņi (They)	Lauž	Lauza	Lauzīs	Ir lauzuši	Bija lauzuši	Būs lauzuši	Lai lauž

Conjunctive		Participles	
Present	Laužot	Present active 1(Adj.)	Lauzošs
Past	Esot lauzis	Present active 2 (Adv.)	Lauzdams
Future	Lauzīšot	Present active 3 (Adv.)	Laužot
Imperative	Lai laužot	Present active 4 (Obj.)	Laužam
Conditional		Past active	Lauzis
Present	Lauztu	Present passive	Laužams
Past	Būtu lauzis	Past passive	Lauzts
Debitive		Nominal forms	
Indicative	(būt) jālauž	Infinitive	Lauzt
Conjunctive 1	Esot jālauž	Negative infinitive	Nelauzt
Conjunctive 2	Jālaužot	Verbal noun	Laušana

To breathe (elpot)

		Indicative						Imperative
		Present	Past	Future	Complex present	Complex past	Complex future	
1.p.sg.	Es (I)	Elpoju	Elpoju	Elpošu	Esmu elpojis	Biju elpojis	Būšu elpojis	
2.p.sg.	Tu (You)	Elpo	Elpoji	Elposi	Esi elpojis	Biji elpojis	Būsi elpojis	Elpo
3.p.sg.	Viņš (He)	Elpo	Elpoja	Elpos	Ir elpojis	Bija elpojis	Būs elpojis	Lai elpo
1.p.pl.	Mēs (We)	Elpojam	Elpojām	Elposim	Esam elpojuši	Bijām elpojuši	Būsim elpojuši	Elposim
2.p.pl.	Jūs (You)	Elpojat	Elpojāt	Elposiet	Esat elpojuši	Bijāt elpojuši	Būsiet elpojuši	Elpojiet
3.p.pl.	Viņi (They)	Elpo	Elpoja	Elpos	Ir elpojuši	Bija elpojuši	Būs elpojuši	Lai elpo

Conjunctive		Participles	
Present	Elpojot	Present active 1(Adj.)	Elpojošs
Past	Esot elpojis	Present active 2 (Adv.)	Elpodams
Future	Elpošot	Present active 3 (Adv.)	Elpojot
Imperative	Lai elpo	Present active 4 (Obj.)	Elpojam
Conditional		Past active	Elpojis
Present	Elpotu	Present passive	Elpojams
Past	Būtu elpojis	Past passive	Elpots
Debitive		**Nominal forms**	
Indicative	(būt) jāelpo	Infinitive	Elpot
Conjunctive 1	Esot jāelpo	Negative infinitive	Neelpot
Conjunctive 2	Jāelpojot	Verbal noun	Elpošana

To buy (pirkt)

		Indicative						Imperative
		Present	Past	Future	Complex present	Complex past	Complex future	
1.p.sg.	Es (I)	Pērku	Pirku	Pirkšu	Esmu pircis	Biju pircis	Būšu pircis	
2.p.sg.	Tu (You)	Pērc	Pirki	Pirksi	Esi pircis	Biji pircis	Būsi pircis	Pērc
3.p.sg.	Viņš (He)	Pērk	Pirka	Pirks	Ir pircis	Bija pircis	Būs pircis	Lai pērk
1.p.pl.	Mēs (We)	Pērkam	Pirkām	Pirksim	Esam pirkuši	Bijām pirkuši	Būsim pirkuši	Pirksim
2.p.pl.	Jūs (You)	Pērkat	Pirkāt	Pirksiet	Esat pirkuši	Bijāt pirkuši	Būsiet pirkuši	Pērciet
3.p.pl.	Viņi (They)	Pērk	Pirka	Pirks	Ir pirkuši	Bija pirkuši	Būs pirkuši	Lai pērk

Conjunctive		Participles	
Present	Pērkot	Present active 1(Adj.)	Pērkošs
Past	Esot pircis	Present active 2 (Adv.)	Pirkdams
Future	Pirkšot	Present active 3 (Adv.)	Pērkot
Imperative	Lai pērkot	Present active 4 (Obj.)	Pērkam
Conditional		Past active	Pircis
Present	Pirktu	Present passive	Pērkams
Past	Būtu pircis	Past passive	Pirkts
Debitive		Nominal forms	
Indicative	(Būt) jāpērk	Infinitive	Pirkt
Conjunctive 1	Esot jāpērk	Negative infinitive	Nepirkt
Conjunctive 2	Jāpērkot	Verbal noun	Pirkšana

To call (zvanīt)

		Indicative						Imperative
		Present	Past	Future	Complex present	Complex past	Complex future	
1.p.sg.	Es (I)	Zvanu	Zvanīju	Zvanīšu	Esmu zvanījis	Biju zvanījis	Būšu zvanījis	
2.p.sg.	Tu (You)	Zvani	Zvanīji	Zvanīsi	Esi zvanījis	Biji zvanījis	Būsi zvanījis	Zvani
3.p.sg.	Viņš (He)	Zvana	Zvanīja	Zvanīs	Ir zvanījis	Bija zvanījis	Būs zvanījis	Lai zvana
1.p.pl.	Mēs (We)	Zvanām	Zvanījām	Zvanīsim	Esam zvanījuši	Bijām zvanījuši	Būsim zvanījuši	Zvanīsim
2.p.pl.	Jūs (You)	Zvanāt	Zvanījāt	Zvanīsiet	Esat zvanījuši	Bijāt zvanījuši	Būsiet zvanījuši	Zvaniet
3.p.pl.	Viņi (They)	Zvana	Zvanīja	Zvanīs	Ir zvanījuši	Bija zvanījuši	Būs zvanījuši	Lai zvana

Conjunctive		Participles	
Present	Zvanot	Present active 1(Adj.)	Zvanošs
Past	Esot zvanījis	Present active 2 (Adv.)	Zvanīdams
Future		Present active 3 (Adv.)	Zvanot
Imperative	Lai zvanot	Present active 4 (Obj.)	Zvanām
Conditional		Past active	Zvanījis
Present	Zvanītu	Present passive	Zvanāms
Past	Būtu zvanījis	Past passive	Zvanīts
Debitive		**Nominal forms**	
Indicative	(Būt) jāzvana	Infinitive	Zvanīt
Conjunctive 1	Esot jāzvana	Negative infinitive	Nezvanīt
Conjunctive 2	Jāzvanot	Verbal noun	Zvanīšana

To can (spēt)

		Indicative						Imperative
		Present	Past	Future	Complex present	Complex past	Complex future	
1.p.sg.	Es (I)	Spēju	Spēju	Spēšu	Esmu spējis	Biju spējis	Būšu spējis	
2.p.sg.	Tu (You)	Spēj	Spēji	Spēsi	Esi spējis	Biji spējis	Būsi spējis	Spēj
3.p.sg.	Viņš (He)	Spēj	Spēja	Spēs	Ir spējis	Bija spējis	Būs spējis	Lai spēj
1.p.pl.	Mēs (We)	Spējam	Spējām	Spēsim	Esam spējuši	Bijām spējuši	Būsim spējuši	Spēsim
2.p.pl.	Jūs (You)	Spējat	Spējāt	Spēsiet	Esat spējuši	Bijāt spējuši	Būsiet spējuši	Spējiet
3.p.pl.	Viņi (They)	Spēj	Spēja	Spēs	Ir spējuši	Bija spējuši	Būs spējuši	Lai spēj

Conjunctive		Participles	
Present	Spējot	Present active 1(Adj.)	Spējošs
Past	Esot spējis	Present active 2 (Adv.)	Spēdams
Future	Spēšot	Present active 3 (Adv.)	Spējot
Imperative	Lai spējot	Present active 4 (Obj.)	Spējam
Conditional		Past active	Spējis
Present	Spētu	Present passive	Spējams
Past	Būtu spējis	Past passive	Spēts
Debitive		**Nominal forms**	
Indicative	(Būt) jāspēj	Infinitive	Spēt
Conjunctive 1	Esot jāspēj	Negative infinitive	Nespēt
Conjunctive 2	Jāspējot	Verbal noun	Spēšana

To choose (izv**ēlē**ties)

		Indicative						Imperative
		Present	Past	Future	Complex present	Complex past	Complex future	
1.p.sg.	Es (I)	Izvēlos	Izvēlējos	Izvēlēšos	Esmu izvēlējies	Biju izvēlējies	Būšu izvēlējies	
2.p.sg.	Tu (You)	Izvēlies	Izvēlējies	Izvēlēsies	Esi izvēlējies	Biji izvēlējies	Būsi izvēlējies	Izvēlies
3.p.sg.	Viņš (He)	Izvēlas	Izvēlējās	Izvēlēsies	Ir izvēlējies	Bija izvēlējies	Būs izvēlējies	Lai izvēlas
1.p.pl.	Mēs (We)	Izvēlamies	Izvēlējāmies	Izvēlēsimies	Esam izvēlējušies	Bijām izvēlējušies	Būsim izvēlējušies	Izvēlēsimies
2.p.pl.	Jūs (You)	Izvēlaties	Izvēlējāties	Izvēliesieties	Esat izvēlējušies	Bijāt izvēlējušies	Būsiet izvēlējušies	Izvēlieties
3.p.pl.	Viņi (They)	Izvēlas	Izvēlējās	Izvēlēsies	Ir izvēlējušies	Bija izvēlējušies	Būs izvēlējušies	Lai izvēlas

Conjunctive		Participles	
Present	Izvēloties	Present active 1(Adj.)	Izvēlošs
Past	Esot izvēlējies	Present active 2 (Adv.)	Izvēlēdams
Future	Izvēlot	Present active 3 (Adv.)	Izvēlot
Imperative	Lai izvēloties	Present active 4 (Obj.)	Izvēlam
Conditional		Past active	Izvēlējies
Present	Izvēlētos	Present passive	Izvēlams
Past	Būtu izvēlējis	Past passive	Izvēlēts
Debitive		**Nominal forms**	
Indicative	(Būt) jāizvēlas	Infinitive	Izvēlēties
Conjunctive 1	Esot jāizvēlas	Negative infinitive	Neizvēlēties
Conjunctive 2	Jāizvēloties	Verbal noun	Izvēle

To close (aizvērt)

		Indicative						Imperative
		Present	Past	Future	Complex present	Complex past	Complex future	
1.p.sg.	Es (I)	Aizveru	Aizvēru	Aizvēršu	Esmu aizvēris	Biju aizvēris	Būšu aizvēris	
2.p.sg.	Tu (You)	Aizver	Aizvēri	Aizvērsi	Esi aizvēris	Biji aizvēris	Būsi aizvēris	Aizver
3.p.sg.	Viņš (He)	Aizver	Aizvēra	Aizvērs	Ir aizvēris	Bija aizvēris	Būs aizvēris	Lai aizver
1.p.pl.	Mēs (We)	Aizveram	Aizvērām	Aizvērsim	Esam aizvēruši	Bijā aizvēruši	Būsim aizvēruši	Aizvērsim
2.p.pl.	Jūs (You)	Aizverat	Aizvērāt	Aizvērsiet	Esat aizvēruši	Bijāt aizvēruši	Būsiet aizvēruši	Aizveriet
3.p.pl.	Viņi (They)	Aizver	Aizvēra	Aizvērs	Ir aizvēruši	Bija aizvēruši	Būs aizvēruši	Lai aizver

Conjunctive		Participles	
Present	Aizverot	Present active 1(Adj.)	Aizverošs
Past	Esot aizvēris	Present active 2 (Adv.)	Aizvērdams
Future	Aizverot	Present active 3 (Adv.)	Aizverot
Imperative	Lai aizverot	Present active 4 (Obj.)	Aizveram
Conditional		Past active	Aizvēris
Present	Aizvērtu	Present passive	Aizverams
Past	Būtu aizvēris	Past passive	Aizvērts
Debitive		Nominal forms	
Indicative	(Būt) jāaizver	Infinitive	Aizvērt
Conjunctive 1	Esot jāaizver	Negative infinitive	Neaizvērt
Conjunctive 2	Jāaizverot	Verbal noun	Aizvēršana

To come (nākt)

		Indicative						Imperative
		Present	Past	Future	Complex present	Complex past	Complex future	
1.p.sg.	Es (I)	Nāku	Nācu	Nākšu	Esmu nācis	Biju nācis	Būšu nācis	
2.p.sg.	Tu (You)	Nāc	Nāci	Nāksi	Esi nācis	Biji nācis	Būsi nācis	Nāc
3.p.sg.	Viņš (He)	Nāk	Nāca	Nāks	Ir nācis	Bij nācis	Būs nācis	Lai nāk
1.p.pl.	Mēs (We)	Nākam	Nācām	Nāksim	Esam nākuši	Bijām nākuši	Būsim nākuši	Nāksim
2.p.pl.	Jūs (You)	Nākat	Nācāt	Nāksiet	Esat nākuši	Bijāt nākuši	Būsiet nākuši	Nāciet
3.p.pl.	Viņi (They)	Nāk	Nāca	Nāks	Ir nākuši	Bija nākuši	Būs nākuši	Lai nāk

Conjunctive		Participles	
Present	Nākot	Present active 1(Adj.)	Nākošs
Past	Esot nācis	Present active 2 (Adv.)	Nākdams
Future	Nākšot	Present active 3 (Adv.)	Nākot
Imperative	Lai nākot	Present active 4 (Obj.)	Nākam
Conditional		Past active	Nācis
Present	Nāktu	Present passive	Nākams
Past	Būtu nācis	Past passive	Nākts
Debitive		**Nominal forms**	
Indicative	(Būt) jānāk	Infinitive	Nākt
Conjunctive 1	Esot jānāk	Negative infinitive	Nenākt
Conjunctive 2	Jānākot	Verbal noun	Nākšana

To cook (cept)

		Indicative						Imperative
		Present	Past	Future	Complex present	Complex past	Complex future	
1.p.sg.	Es (I)	Cepu	Cepu	Cepšu	Esmu cepis	Biju cepis	Būšu cepis	
2.p.sg.	Tu (You)	Cep	Cepi	Cepsi	Esi cepis	Biji cepis	Būsi cepis	Cep
3.p.sg.	Viņš (He)	Cep	Cepa	Ceps	Ir cepis	Bija cepis	Būs cepis	Lai cep
1.p.pl.	Mēs (We)	Cepam	Cepām	Cepsim	Esam cepuši	Bijām cepuši	Būsim cepuši	Cepsim
2.p.pl.	Jūs (You)	Cepat	Cepāt	Cepsiet	Esat cepuši	Bijāt cepuši	Būsiet cepuši	Cepiet
3.p.pl.	Viņi (They)	Cep	Cepa	Ceps	Ir cepuši	Bija cepuši	Būs cepuši	Lai cep

Conjunctive		Participles	
Present	Cepot	Present active 1(Adj.)	Cepošs
Past	Esot cepis	Present active 2 (Adv.)	Cepdams
Future	Cepšot	Present active 3 (Adv.)	Cepot
Imperative	Lai cepot	Present active 4 (Obj.)	Cepam
Conditional		Past active	Cepis
Present	Ceptu	Present passive	Cepams
Past	Būtu cepis	Past passive	Cepts
Debitive		**Nominal forms**	
Indicative	(Būt) jācep	Infinitive	Cept

To cry (raudāt)

		Indicative						Imperative
		Present	Past	Future	Complex present	Complex past	Complex future	
1.p.sg.	Es (I)	Raudu	Raudāju	Raudāšu	Esmu raudājis	Biju raudājis	Būšu raudājis	
2.p.sg.	Tu (You)	Raudi	Raudāji	Raudāsi	Esi raudājis	Biji raudājis	Būsi raudājis	Raudi
3.p.sg.	Viņš (He)	Raud	Raudāja	Raudās	Ir raudājis	Bija raudājis	Būs raudājis	Lai raud
1.p.pl.	Mēs (We)	Raudam	Raudājām	Raudāsim	Esam raudājuši	Bijām raudājuši	Būsim raudājuši	Raudāsim
2.p.pl.	Jūs (You)	Raudat	Raudājāt	Raudāsiet	Esat raudājuši	Bijāt raudājuši	Būsiet raudājuši	Raudiet
3.p.pl.	Viņi (They)	Raud	Raudāja	Raudās	Ir raudājuši	Bija raudājuši	Būs raudājuši	Lai raud

Conjunctive		Participles	
Present	Raudot	Present active 1(Adj.)	Raudošs
Past	Esot raudājis	Present active 2 (Adv.)	Raudādams
Future	Raudāšot	Present active 3 (Adv.)	Raudot
Imperative	Lai raudot	Present active 4 (Obj.)	Raudam
Conditional		Past active	Raudājis
Present	Raudātu	Present passive	Raudams
Past	Būtu raudājis	Past passive	Raudāts
Debitive		**Nominal forms**	
Indicative	(Būt) jāraud	Infinitive	Raudāt
Conjunctive 1	Esot jāraud	Negative infinitive	Neraudāt
Conjunctive 2	Jāraudot	Verbal noun	Raudāšana

To dance (dejot)

		Indicative						Imperative
		Present	Past	Future	Complex present	Complex past	Complex future	
1.p.sg.	Es (I)	Dejoju	Dejoju	Dejošu	Esmu dejojis	Biju dejojis	Būšu dejojis	
2.p.sg.	Tu (You)	Dejo	Dejoji	Dejosi	Esi dejojis	Biji dejojis	Būsi dejojis	Dejo
3.p.sg.	Viņš (He)	Dejo	Dejoja	Dejos	Ir dejojis	Bija dejojis	Būs dejojis	Lai dejo
1.p.pl.	Mēs (We)	Dejojam	Dejojām	Dejosim	Esam dejojuši	Bijām dejojuši	Būsim dejojuši	Dejosim
2.p.pl.	Jūs (You)	Dejojat	Dejojāt	Dejosiet	Esat dejojuši	Bijāt dejojuši	Būsiet dejojuši	Dejojiet
3.p.pl.	Viņi (They)	Dejo	Dejoja	Dejos	Ir dejojuši	Bija dejojuši	Būs dejojuši	Lai dejo

Conjunctive		Participles	
Present	Dejojot	Present active 1(Adj.)	Dejojošs
Past	Esot dejojis	Present active 2 (Adv.)	Dejodams
Future	Dejošot	Present active 3 (Adv.)	Dejojot
Imperative	Lai dejojot	Present active 4 (Obj.)	Dejojam
Conditional		Past active	Dejojis
Present	Dejotu	Present passive	Dejojams
Past	Būtu dejojis	Past passive	Dejots
Debitive		Nominal forms	
Indicative	(Būt) jādejo	Infinitive	Dejot
Conjunctive 1	Esot jādejo	Negative infinitive	Nedejot
Conjunctive 2	Jādejojot	Verbal noun	Dejošana

To decide (izlemt)

		Indicative						Imperative
		Present	Past	Future	Complex present	Complex past	Complex future	
1.p.sg.	Es (I)	Izlemju	Izlēmu	Izlemšu	Esmu izlēmis	Biju izlēmis	Būšu izlēmis	
2.p.sg.	Tu (You)	Izlem	Izlēmi	Izlemsi	Esi izlēmis	Biji izlēmis	Būsi izlēmis	Izlem
3.p.sg.	Viņš (He)	Izlemj	Izlēma	Izlems	Ir izlēmis	Bija izlēmis	Būs izlēmis	Lai izlemj
1.p.pl.	Mēs (We)	Izlemjam	Izlēmām	Izlemsim	Esam izlēmuši	Bijām izlēmuši	Būsim izlēmuši	Izlemsim
2.p.pl.	Jūs (You)	Izlemjat	Izlēmāt	Izlemsiet	Esat izlēmuši	Bijāt izlēmuši	Būsiet izlēmuši	Izlemiet
3.p.pl.	Viņi (They)	Izlemj	Izlēma	Izlems	Ir izlēmuši	Bija izlēmuši	Būs izlēmuši	Lai izlemj

Conjunctive		Participles	
Present	Izlemjot	Present active 1(Adj.)	Izlemjošs
Past	Esot izlēmis	Present active 2 (Adv.)	Izlemdams
Future	Izlemšot	Present active 3 (Adv.)	Izlemjot
Imperative	Lai izlemjot	Present active 4 (Obj.)	Izlemjam
Conditional		Past active	Izlēmis
Present	Izlemtu	Present passive	Izlemjams
Past	Būtu izlēmis	Past passive	Izlemts
Debitive		**Nominal forms**	
Indicative	(Būt) jāizlemj	Infinitive	Izlemt
Conjunctive 1	Esot jāizlemj	Negative infinitive	Neizlemt
Conjunctive 2	Jāizlemjot	Verbal noun	Izlemšana

To decrease (samazināt)

		Indicative						Imperative
		Present	Past	Future	Complex present	Complex past	Complex future	
1.p.sg.	Es (I)	Samazinu	Samazināju	Samazināšu	Esmu samazinājis	Biju samazinājis	Būšu samazinājis	
2.p.sg.	Tu (You)	Samazini	Samazināji	Samazināsi	Esi samazinājis	Biji samazinājis	Būsi samazinaji	Samazini
3.p.sg.	Viņš (He)	Samazina	Samazināja	Samazinās	Ir samazinājis	Bija samazinājis	Būs samazināji	Lai samazina
1.p.pl.	Mēs (We)	Samazinām	Samazinājām	Samazināsim	Esam samazinājuši	Bijām kļuvuši samazinājuši	Būsim samazinājuši	Samazināsim
2.p.pl.	Jūs (You)	Samazināt	Samazinājāt	Samazināsiet	Esat samazinājuši	Bijāt samazinājuši	Būsiet samazināj uši	Samaziniet
3.p.pl.	Viņi (They)	Samazina	Samazināja	Samazinās	Ir samazināj uši	Bija samazināj uši	Būs samazināj uši	Lai samazina

Conjunctive		Participles	
Present	Samazinot	Present active 1(Adj.)	Samazinošs
Past	Esot samazinājis	Present active 2 (Adv.)	Samazinādams
Future	Samazināšot	Present active 3 (Adv.)	Samazinot
Imperative	Lai samazina	Present active 4 (Obj.)	Samazinām
Conditional		Past active	Samazinājis
Present	Samazinātu	Present passive	Samazināms
Past	Būtu samazinājis	Past passive	Samazināts

Debitive		Nominal forms	
Indicative	(Būt) jāsamazina	Infinitive	Samazināt
Conjunctive 1	Esot jāsamazina	Negative infinitive	Nesamazināt
Conjunctive 2	Jāsamazinot	Verbal noun	Samazināšana

To die (nomirt)

		Indicative						Imperative
		Present	Past	Future	Complex present	Complex past	Complex future	
1.p.sg.	Es (I)	Nomirstu	Nomiru	Nomiršu	Esmu nomiris	Biju nomiris	Būšu nomiris	
2.p.sg.	Tu (You)	Nomirsti	Nomiri	Nomirsi	Esi nomiris	Biji nomiris	Būsi nomiris	Nomirsti
3.p.sg.	Viņš (He)	Nomirst	Nomira	Nomirs	Ir nomiris	Bija nomiris	Būs nomiris	Lai nomirst
1.p.pl.	Mēs (We)	Nomirstam	Nomirām	Nomirsim	Esam nomiruši	Bijām nomiruši	Būsim nomiruši	Nomirsim
2.p.pl.	Jūs (You)	Nomirstat	Nomirāt	Nomirsiet	Esat nomiruši	Bijāt nomiruši	Būsiet nomiruši	Nomirstiet
3.p.pl.	Viņi (They)	Nomirst	Nomira	Nomirs	Ir nomiruši	Bija nomiruši	Būs nomiruši	Lai nomirst

Conjunctive		Participles	
Present	Nomirstot	Present active 1(Adj.)	Nomirstošs
Past	Esot nomiris	Present active 2 (Adv.)	Nomirdams
Future	Nomiršot	Present active 3 (Adv.)	Nomirstot
Imperative	Lai nomirst	Present active 4 (Obj.)	Nomirstam
Conditional		Past active	Nomiris
Present	Nomirtu	Present passive	Nomirams
Past	Būtu nomiris	Past passive	Nomirsts
Debitive		Nominal forms	
Indicative	(Būt) jānomirst	Infinitive	Nomirt
Conjunctive 1	Esot jānomirst	Negative infinitive	Nenomirt
Conjunctive 2	Jānomirstot	Verbal noun	Nomiršana

To do (darīt)

		Indicative						Imperative
		Present	Past	Future	Complex present	Complex past	Complex future	
1.p.sg.	Es (I)	Daru	Darīju	Darīšu	Esmu darījis	Biju darījis	Būšu darījis	
2.p.sg.	Tu (You)	Dari	Darīji	Darīsi	Esi darījis	Biji darījis	Būsi darījis	Dari
3.p.sg.	Viņš (He)	Dara	Darīja	Darīs	Ir darījis	Bija darījis	Būs darījis	Lai dara
1.p.pl.	Mēs (We)	Darām	Darījām	Darīsim	Esam darījuši	Bijām darījuši	Būsim darījuši	Darīsim
2.p.pl.	Jūs (You)	Darāt	Darījāt	Darīsiet	Esat darījuši	Bijāt darījuši	Būsiet darījuši	Dariet
3.p.pl.	Viņi (They)	Dara	Darīja	Darīs	Ir darījuši	Bija darījuši	Būs darījuši	Lai dara

Conjunctive		Participles	
Present	Darot	Present active 1(Adj.)	Darošs
Past	Esot darījis	Present active 2 (Adv.)	Darīdams
Future	Darīšot	Present active 3 (Adv.)	Darot
Imperative	Lai darot	Present active 4 (Obj.)	Darām
Conditional		Past active	Darījis
Present	Darītu	Present passive	Darāms
Past	Būtu darījis	Past passive	Darīts
Debitive		**Nominal forms**	
Indicative	(Būt) jādara	Infinitive	Darīt
Conjunctive 1	Esot jādara	Negative infinitive	Nedarīt
Conjunctive 2	Jādarot	Verbal noun	Darīšana

To drink (dzert)

		Indicative						Imperative
		Present	Past	Future	Complex present	Complex past	Complex future	
1.p.s g.	Es (I)	Dzeru	Dzēru	Dzeršu	Esmu dzēris	Biju dzēris	Būšu dzēris	
2.p.s g.	Tu (You)	Dzer	Dzēri	Dzersi	Esi dzēris	Biji dzēris	Būsi dzēris	Dzer
3.p.s g.	Viņš (He)	Dzer	Dzēra	Dzers	Ir dzēris	Bija dzēris	Būs dzēris	Lai dzer
1.p.pl.	Mēs (We)	Dzeram	Dzērām	Dzersim	Esam dzēruši	Bijām dzēruši	Būsim dzēruši	Dzersim
2.p.pl.	Jūs (You)	Dzerat	Dzērāt	Dzersiet	Esat dzēruši	Bijāt dzēruši	Būsiet dzēruši	Dzeriet
3.p.pl.	Viņi (They)	Dzer	Dzēra	Dzers	Ir dzēruši	Bija dzdēruši	Būs dzēruši	Lai dzer

Conjunctive		Participles	
Present	Dzerot	Present active 1(Adj.)	Dzerošs
Past	Esot dzēris	Present active 2 (Adv.)	Dzerdams
Future	Dzeršot	Present active 3 (Adv.)	Dzerot
Imperative	Lai dzerot	Present active 4 (Obj.)	Dzeram
Conditional		Past active	Dzēris
Present	Dzertu	Present passive	Dzerams
Past	Būtu dzēris	Past passive	Dzerts
Debitive		Nominal forms	
Indicative	(Būt) jādzer	Infinitive	Dzert
Conjunctive 1	Esot jādzer	Negative infinitive	Nedzert
Conjunctive 2	Jādzerot	Verbal noun	Dzeršana

To drive (braukt)

		Indicative						Imperative
		Present	Past	Future	Complex present	Complex past	Complex future	
1.p.sg.	Es (I)	Braucu	Braucu	Braukšu	Esmu braucis	Biju braucis	Būšu braucis	
2.p.sg.	Tu (You)	Brauc	Brauci	Brauksi	Esi braucis	Biji braucis	Būsi braucis	Brauc
3.p.sg.	Viņš (He)	Brauc	Brauca	Brauks	Ir braucis	Bija braucis	Būs braucis	Lai brauc
1.p.pl.	Mēs (We)	Braucam	Braucām	Brauksim	Esam braukuši	Bijām braukuši	Būsim braukuši	Brauksim
2.p.pl.	Jūs (You)	Braucat	Braucāt	Brauksiet	Esat braukuši	Bijāt braukuši	Būsiet braukuši	Brauciet
3.p.pl.	Viņi (They)	Brauc	Brauca	Brauks	Ir braukuši	Bija braukuši	Būs braukuši	Lai brauc

Conjunctive		Participles	
Present	Braucot	Present active 1(Adj.)	Braucošs
Past	Esot braucis	Present active 2 (Adv.)	Braukdams
Future	Braukšot	Present active 3 (Adv.)	Braucot
Imperative	Lai braucot	Present active 4 (Obj.)	Braucam
Conditional		Past active	Braucis
Present	Brauktu	Present passive	Braucams
Past	Būtu braucis	Past passive	Braukts
Debitive		Nominal forms	
Indicative	(Būt) jābrauc	Infinitive	Braukt
Conjunctive 1	Esot jābrauc	Negative infinitive	Nebraukt
Conjunctive 2	Jābraucot	Verbal noun	Braukšana

To eat (ēst)

		Indicative						Imperative
		Present	Past	Future	Complex present	Complex past	Complex future	
1.p.sg.	Es (I)	Ēdu	Ēdu	Ēdīšu	Esmu ēdis	Biju ēdis	Būšu ēdis	
2.p.sg.	Tu (You)	Ēd	Ēdi	Ēdīsi	Esi ēdis	Biji ēdis	Būsi ēdis	Ēd
3.p.sg.	Viņš (He)	Ēd	Ēda	Ēdīs	Ir ēdis	Bija ēdis	Būs ēdis	Lai ēd
1.p.pl.	Mēs (We)	Ēdam	Ēdām	Ēdīsim	Esam ēduši	Bijām ēduši	Būsim ēduši	Ēdīsim
2.p.pl.	Jūs (You)	Ēdat	Ēdāt	Ēdīsiet	Esat ēduši	Bijāt ēduši	Būsiet ēduši	Ēdiet
3.p.pl.	Viņi (They)	Ēd	Ēda	Ēdīs	Ir ēduši	Bija ēduši	Būs ēduši	Lai ēd

Conjunctive		Participles	
Present	Ēdot	Present active 1(Adj.)	Ēdošs
Past	Esot ēdis	Present active 2 (Adv.)	Ēzdams
Future	Ēdīšot	Present active 3 (Adv.)	Ēdot
Imperative	Lai ēdot	Present active 4 (Obj.)	Ēdam
Conditional		Past active	Ēdis
Present	Ēstu	Present passive	Ēdams
Past	Būtu ēdis	Past passive	Ēsts
Debitive		**Nominal forms**	
Indicative	(Būt) jāēd	Infinitive	Ēst
Conjunctive 1	Esot jāēd	Negative infinitive	Neēst
Conjunctive 2	Jāēdot	Verbal noun	Ēšana

To enter (ie**ie**t)

		Indicative						Imperative
		Present	Past	Future	Complex present	Complex past	Complex future	
1.p.s g.	Es (I)	Ieeju	Iegāju	Ieiešu	Esmu iegājis	Biju iegājis	Būšu iegājis	
2.p.s g.	Tu (You)	Ieej	Iegāji	Ieiesi	Esi iegājis	Biji iegājis	Būsi iegājis	Ieej
3.p.s g.	Viņš (He)	Ieiet	Iegāja	Ieies	Ir iegājis	Bija iegājis	Būs iegājis	Lai ieiet
1.p.pl.	Mēs (We)	Ieejam	Iegājām	Ieiesim	Esam iegājuši	Bijām iegājuši	Būsim iegājuši	Ieiesim
2.p.pl.	Jūs (You)	Ieejat	Iegājāt	Ieiesiet	Esat iegājuši	Bijāt iegājuši	Būsiet iegājuši	Ieejiet
3.p.pl.	Viņi (They)	Ieiet	Iegāja	Ieies	Ir iegājuši	Bija iegājuši	Būs iegājuši	Lai ieiet

Conjunctive		Participles	
Present	Ieejot	Present active 1(Adj.)	Ieejošs
Past	Esot iegājis	Present active 2 (Adv.)	Ieiedams
Future	Ieiešot	Present active 3 (Adv.)	Ieejot
Imperative	Lai ieejot	Present active 4 (Obj.)	Ieejam
Conditional		Past active	Iegājis
Present	Ieietu	Present passive	Ieejams
Past	Būtu iegājis	Past passive	Ieiets
Debitive		**Nominal forms**	
Indicative	(Būt) jāieiet	Infinitive	Ieiet
Conjunctive 1	Esot jāieiet	Negative infinitive	Neieiet
Conjunctive 2	Jāieiet	Verbal noun	Ieiešana

To exit (iz**ie**t)

		Indicative						Imperative
		Present	Past	Future	Complex present	Complex past	Complex future	
1.p.sg.	Es (I)	Izeju	Izgāju	Iziešu	Esmu izgājis	Biju izgājis	Būšu izgājis	
2.p.sg.	Tu (You)	Izej	Izgāji	Iziesi	Esi izgājis	Biji izgājis	Būsi izgājis	Izej
3.p.sg.	Viņš (He)	Iziet	Izgāja	Izies	Ir izgājis	Bija izgājis	Būs izgājis	Lai iziet
1.p.pl.	Mēs (We)	Izejam	Izgājām	Iziesim	Esam izgājuši	Bijām izgājuši	Būsim izgājuši	Iziesim
2.p.pl.	Jūs (You)	Izejat	Izgājāt	Iziesiet	Esat izgājuši	Bijāt izgājuši	Būsiet izgājuši	Izejiet
3.p.pl.	Viņi (They)	Iziet	Izgāja	Izies	Ir izgājuši	Bija izgājuši	Būs izgājuši	Lai iziet

Conjunctive		Participles	
Present	Izejot	Present active 1(Adj.)	Izejošs
Past	Esot izgājis	Present active 2 (Adv.)	Iziedams
Future	Iziešot	Present active 3 (Adv.)	Izejot
Imperative	Lai izejot	Present active 4 (Obj.)	Izejam
Conditional		Past active	Izgājis
Present	Izietu	Present passive	Izejams
Past	Būtu izgājis	Past passive	Iziets
Debitive		**Nominal forms**	
Indicative	(Būt) jāiziet	Infinitive	Iziet
Conjunctive 1	Esot jāiziet	Negative infinitive	Neiziet
Conjunctive 2	Jāizejot	Verbal noun	Iziešana

To explain (paskaidrot)

		Indicative						Imperative
		Present	Past	Future	Complex present	Complex past	Complex future	
1.p.sg.	Es (I)	Paskaidroju	Paskaidroju	Paskaidrošu	Esmu paskaidrojis	Biju paskaidrojis	Būšu paskaidrojis	
2.p.sg.	Tu (You)	Paskaidro	Paskaidroji	Paskaidrosi	Esi paskaidrojis	Biji paskaidrojis	Būsi paskaidrojis	Paskaidro
3.p.sg.	Viņš (He)	Paskaidro	Paskaidroja	Paskaidros	Ir paskaidrojis	Bija paskaidrojis	Būs paskaidrojis	Lai paskaidro
1.p.pl.	Mēs (We)	Paskaidrojam	Paskaidrojām	Paskaidrosim	Esam paskaidrojuši	Bijām paskaidrojuši	Būsim paskaidrojuši	Paskaidrosim
2.p.pl.	Jūs (You)	Paskaidrojat	Paskaidrojāt	Paskaidrosiet	Esat paskaidrojuši	Bijāt paskaidrojuši	Būsiet paskaidrojuši	Paskaidrojet
3.p.pl.	Viņi (They)	Paskaidro	Paskaidroja	Paskaidros	Ir paskaidrojuši	Bija paskaidrojuši	Būs paskaidrojuši	Lai paskaidro

Conjunctive		Participles	
Present	Paskaidrojot	Present active 1(Adj.)	Paskaidrojošs
Past	Esot paskaidrojis	Present active 2 (Adv.)	Paskaidrodams
Future	Paskaidrošot	Present active 3 (Adv.)	Paskaidrojot
Imperative	Lai paskaidrojot	Present active 4 (Obj.)	Paskaidrojam
Conditional		Past active	Paskaidrojis
Present	Paskaidrotu	Present passive	Paskaidrojams
Past	Būtu paskaidrojis	Past passive	Paskaidrots
Debitive		Nominal forms	

Indicative	(Būt) jāpaskaidro	Infinitive	Paskaidrot
Conjunctive 1	Esot jāpaskaidro	Negative infinitive	Nepaskaidrot
Conjunctive 2	Jāpaskaidrojot	Verbal noun	Paskaidrošana

To fall (krist)

		Indicative						Imperative
		Present	Past	Future	Complex present	Complex past	Complex future	
1.p.sg.	Es (I)	Krītu	Kritu	Kritīšu	Esmu kritis	Biju kritis	Būšu kritis	
2.p.sg.	Tu (You)	Krīti	Kriti	Kritīsi	Esi kritis	Biji kritis	Būsi kritis	Krīti
3.p.sg.	Viņš (He)	Krīt	Krita	Kritīs	Ir kritis	Bija kritis	Būs kritis	Lai krīt
1.p.pl.	Mēs (We)	Krītam	Kritām	Kritīsim	Esam krituši	Bijām krituši	Būsim krituši	Kritīsim
2.p.pl.	Jūs (You)	Krītat	Kritāt	Kritīsiet	Esat krituši	Bijāt krituši	Būsiet krituši	Krītiet
3.p.pl.	Viņi (They)	Krīt	Krita	Kritīs	Ir krituši	Bija krituši	Būs krituši	Lai krīt

Conjunctive		Participles	
Present	Krītot	Present active 1(Adj.)	Krītošs
Past	Esot kritis	Present active 2 (Adv.)	Krizdams
Future	Kritīšot	Present active 3 (Adv.)	Krītot
Imperative	Lai krītot	Present active 4 (Obj.)	Krītam
Conditional		Past active	Kritis
Present	Kristu	Present passive	Kritams
Past	Būtu kritis	Past passive	Krists
Debitive		Nominal forms	
Indicative	(Būt) jākrīt	Infinitive	Krist
Conjunctive 1	Esot jākrīt	Negative infinitive	Nekrist
Conjunctive 2	Jākrītot	Verbal noun	Krišana

To feel (sajust)

		Indicative						Imperative
		Present	Past	Future	Complex present	Complex past	Complex future	
1.p.s g.	Es (I)	Sajūtu	Sajutu	Sajutīšu	Esmu sajutis	Biju sajutis	Būšu sajutis	
2.p.s g.	Tu (You)	Sajūti	Sajuti	Sajutīsi	Esi sajutis	Biji sajutis	Būsi sajutis	Sajūti
3.p.s g.	Viņš (He)	Sajūt	Sajuta	Sajutīs	Ir sajutis	Bija sajutis	Būs sajutis	Lai sajūt
1.p.p l.	Mēs (We)	Sajūtam	Sajutām	Sajutīsim	Esam sajutuši	Bijām sajutuši	Būsim sajutuši	Sajutīsim
2.p.p l.	Jūs (You)	Sajūtat	Sajutāt	Sajutīsiet	Esat sajutuši	Bijāt sajutuši	Būsiet sajutuši	Sajūtiet
3.p.p l.	Viņi (They)	Sajūt	Sajuta	Sajutīs	Ir sajutuši	Bija sajutuši	Būs sajutuši	Lai sajūt

Conjunctive		Participles	
Present	Sajūtot	Present active 1(Adj.)	Sajūtošs
Past	Esot sajutis	Present active 2 (Adv.)	Sajuzdams
Future	Sajutīšot	Present active 3 (Adv.)	Sajūtot
Imperative	Lai sajūtot	Present active 4 (Obj.)	Sajūtam
Conditional		Past active	Sajutis
Present	Sajustu	Present passive	Sajūtams
Past	Būtu sajutis	Past passive	Sajusts
Debitive		Nominal forms	
Indicative	(Būt) jāsajūt	Infinitive	Sajust
Conjunctive 1	Esot jāsajūt	Negative infinitive	Nesajust
Conjunctive 2	Jāsajūtot	Verbal noun	Sajušana

To fight (cīnīties)

		Indicative						Imperative
		Present	Past	Future	Complex present	Complex past	Complex future	
1.p.sg.	Es (I)	Cīnos	Cīnījos	Cīnīšos	Esmu cīnījies	Biju cīnījies	Būšu cīnījies	
2.p.sg.	Tu (You)	Cīnies	Cīnījies	Cīnīsies	Esi cīnījies	Biji cīnījies	Būsi cīnījies	Cīnies
3.p.sg.	Viņš (He)	Cīnās	Cīnījās	Cīnīsies	Ir cīnījies	Bija cīnījies	Būs cīnījies	Lai cīnās
1.p.pl.	Mēs (We)	Cīnāmies	Cīnījāmies	Cīnīsimies	Esam cīnījušies	Bijām cīnījušies	Būsim cīnījušies	Cīnīsimies
2.p.pl.	Jūs (You)	Cīnāties	Cīnījaties	Cīnīsieties	Esat cīnījušies	Bijāt cīnījušies	Būsiet cīnījušies	Cīnieties
3.p.pl.	Viņi (They)	Cīnās	Cīnījās	Cīnīsies	Ir cīnījušies	Bija cīnījušies	Būs cīnījušies	Lai cīnās

Conjunctive		Participles	
Present	Cīnoties	Present active 1(Adj.)	Cīnošs
Past	Esot cīnījies	Present active 2 (Adv.)	Cīnīdamies
Future	Cīnīšoties	Present active 3 (Adv.)	Cīnīt
Imperative	Lai cīnoties	Present active 4 (Obj.)	Cīnījam
Conditional		Past active	Cīnījis
Present	Cīnītos	Present passive	Cīnījams
Past	Būtu cīnījies	Past passive	Cīnīts
Debitive		**Nominal forms**	
Indicative	(Būt) jācīnās	Infinitive	Cīnīties
Conjunctive 1	Esot jācīnās	Negative infinitive	Necīnīties
Conjunctive 2	Jācīnoties	Verbal noun	Cīnīšanās

To find (atrast)

		Indicative						Imperative
		Present	Past	Future	Complex present	Complex past	Complex future	
1.p.sg.	Es (I)	Atrodu	Atradu	Atradīšu	Esmu atradis	Biju atrsdis	Būšu atradis	
2.p.sg.	Tu (You)	Atrodi	Atradi	Atradīsi	Esi atradis	Biji attadis	Būsi atradis	Atrodi
3.p.sg.	Viņš (He)	Atrod	Atrada	Atradīs	Ir atradis	Bija atradis	Būs atradis	Lai atrod
1.p.pl.	Mēs (We)	Atrodam	Atradām	Atradīsim	Esam atraduši	Bijām atraduši	Būsim atraduši	Atradīsim
2.p.pl.	Jūs (You)	Atrodat	Atradāt	Atradīsiet	Esat atraduši	Bijāt atraduši	Būsiet atraduši	Atrodiet
3.p.pl.	Viņi (They)	Atrod	Atrada	Atradīs	Ir atraduši	Bija atraduši	Būs atraduši	Lai atrod

Conjunctive		Participles	
Present	Atrodot	Present active 1(Adj.)	Atrodošs
Past	Esot atradis	Present active 2 (Adv.)	Atrazdams
Future	Atradīšot	Present active 3 (Adv.)	Atrodot
Imperative	Lai atrodot	Present active 4 (Obj.)	Atrodam
Conditional		Past active	Atradis
Present	Atrastu	Present passive	Atrodams
Past	Būtu atradis	Past passive	Atrasts
Debitive		**Nominal forms**	
Indicative	(Būt) jāatrod	Infinitive	Atrast
Conjunctive 1	Esot jāatrod	Negative infinitive	Neatrast
Conjunctive 2	Jāatrodot	Verbal noun	Atrašana

To finish (pabeigt)

		Indicative						Imperative
		Present	Past	Future	Complex present	Complex past	Complex future	
1.p.sg.	Es (I)	Pabeidzu	Pabeidzu	Pabeigšu	Esmu pabeidzis	Biju pabeidzis	Būšu pabeidzis	
2.p.sg.	Tu (You)	Pabeidz	Pabeidzi	Pabeigsi	Esi pabeidzis	Biji pabeidzis	Būsi pabeidzis	Pabeidz
3.p.sg.	Viņš (He)	Pabeidz	Pabeidza	Pabeigs	Ir pabeidzis	Bija pabeidzis	Būs pabeidzis	Lai pabeidz
1.p.pl.	Mēs (We)	Pabeidzam	Pabeidzām	Pabeigsim	Esam pabeiguši	Bijām pabeiguši	Būsim pabeiguši	Pabeigsim
2.p.pl.	Jūs (You)	Pabeidzat	Pabeidzāt	Pabeigsiet	Esat pabeiguši	Bijāt pabeiguši	Būsiet pabeiguši	Pabeidziet
3.p.pl.	Viņi (They)	Pabeidz	Pabeidza	Pabeigs	Ir pabeiguši	Bija pabeiguši	Būs pabeiguši	Lai pabeidz

Conjunctive		Participles	
Present	Pabeidzot	Present active 1(Adj.)	Pabeidzošs
Past	Esot pabeidzis	Present active 2 (Adv.)	Pabeigdams
Future	Pabeigšot	Present active 3 (Adv.)	Pabeidzot
Imperative	Lai pabeidzot	Present active 4 (Obj.)	Pabeidzam
Conditional		Past active	Pabeidzis
Present	Pabeigtu	Present passive	Pabeidzams
Past	Būtu pabeidzis	Past passive	Pabeigts
Debitive		Nominal forms	
Indicative	(Būt) jāpabeidz	Infinitive	Pabeigt
Conjunctive 1	Esot jāpabeidz	Negative infinitive	Nepabeigt
Conjunctive 2	Jāpabeidzot	Verbal noun	Pabeigšana

To fly (lid**o**t)

		Indicative						Imperative
		Present	Past	Future	Complex present	Complex past	Complex future	
1.p.sg.	Es (I)	Lidoju	Lidoju	Lidošu	Esmu lidojis	Biju lidojis	Būšu lidojis	
2.p.sg.	Tu (You)	Lido	Lidoji	Lidosi	Esi lidojis	Biji lidojis	Būsi lidojis	Lido
3.p.sg.	Viņš (He)	Lido	Lidoja	Lidos	Ir lidojis	Bija lidojis	Būs lidojis	Lai lido
1.p.pl.	Mēs (We)	Lidojam	Lidojām	Lidosim	Esam lidojuši	Bijām lidojuši	Būsim lidojuši	Lidosim
2.p.pl.	Jūs (You)	Lidojat	Lidojāt	Lidosiet	Esat lidojuši	Bijāt lidojuši	Būsiet lidojuši	Lidojiet
3.p.pl.	Viņi (They)	Lido	Lidoja	Lidos	Ir lidojuši	Bija lidojuši	Būs lidojuši	Lai lido

Conjunctive		Participles	
Present	Lidojot	Present active 1(Adj.)	Lidojošs
Past	Esot lidojis	Present active 2 (Adv.)	Lidodams
Future	Lidošot	Present active 3 (Adv.)	Lidojot
Imperative	Lai lidojot	Present active 4 (Obj.)	Lidojam
Conditional		Past active	Lidojis
Present	Lidotu	Present passive	Lidojams
Past	Būtu lidojis	Past passive	Lidots
Debitive		Nominal forms	
Indicative	(Būt) jālido	Infinitive	Lidot
Conjunctive 1	Esot jālido	Negative infinitive	Nelidot
Conjunctive 2	Jālidojot	Verbal noun	Lidošana

To forget (aizm**irst**)

		Indicative						Imperative
		Present	Past	Future	Complex present	Complex past	Complex future	
1.p.sg.	Es (I)	Aizmirstu	Aizmirsu	Aizmirsīšu	Esmu aizmirsis	Biju aizmirsis	Būšu aizmirsis	
2.p.sg.	Tu (You)	Aizmirsti	Aizmirsi	Aizmirsīsi	Esi aizmirsis	Biji aizmirsis	Būsi aizmrsis	Aizmirsti
3.p.sg.	Viņš (He)	Aizmirst	Aizmirsa	Aizmirsīs	Ir aizmirsis	Bija aizmirsis	Būs aizmirsis	Lai aizmirst
1.p.pl.	Mēs (We)	Aizmirstam	Aizmirsām	Aizmirsīsim	Esam aizmirsuši	Bijām aizmirsuši	Būsim aizmirsuši	Aizmirsīsim
2.p.pl.	Jūs (You)	Aizmirstat	Aizmirsāt	Aizmirsīsiet	Esat aizmirsuši	Bijāt aizmirsuši	Būsiet aizmirsuši	Aizmirstiet
3.p.pl.	Viņi (They)	Aizmirst	Aizmirsa	Aizmirsīs	Ir aizmirsuši	Bija aizmirsuši	Būs aizmirsuši	Lai aizmirst

Conjunctive		Participles	
Present	Aizmirstot	Present active 1(Adj.)	Aizmirstošss
Past	Esot aizmirsis	Present active 2 (Adv.)	Aizmirsdams
Future	Aizmirsīšot	Present active 3 (Adv.)	Aizmirstot
Imperative	Lai aizmirstot	Present active 4 (Obj.)	Aizmirstam
Conditional		Past active	Aizmirsis
Present	Aizmirstu	Present passive	Aizmirstams
Past	Būtu aizmirsis	Past passive	Aizmirsts
Debitive		**Nominal forms**	
Indicative	(Būt) jāaizmirst	Infinitive	Aizmirst
Conjunctive 1	Esot jāaizmirst	Negative infinitive	Neaizmirst
Conjunctive 2	Jāaizmirstot	Verbal noun	Aizmiršana

To get up (piecelties)

		Indicative						Imperative
		Present	Past	Future	Complex present	Complex past	Complex future	
1.p.sg.	Es (I)	Pieceļos	Piecēlos	Piecelšos	Esmu piecēlies	Biju piecēlies	Būšu piecēlies	
2.p.sg.	Tu (You)	Piecelies	Piecēlies	Piecelsies	Esi piecēlies	Biji piecēlies	Būsi piecēlies	Piecelies
3.p.sg.	Viņš (He)	Pieceļas	Piecēlās	Piecelsies	Ir piecēlies	Bija piecēlies	Būs piecēlies	Lai pieceļas
1.p.pl.	Mēs (We)	Pieceļamies	Piecēlāmies	Piecelsimies	Esam piecēlušies	Bijām piecēlušies	Būsim piecēlušies	Piecelsimies
2.p.pl.	Jūs (You)	Pieceļaties	Piecēlātiee	Piecelsieties	Esat piecēlušies	Bijāt piecēlušies	Būsiet piecēlušies	Piecelieties
3.p.pl.	Viņi (They)	Pieceļas	Piecēlās	Piecelsies	Ir piecēlušies	Bija piecēlušies	Būs piecēlušies	Lai pieceļas

Conjunctive		Participles	
Present	Pieceļoties	Present active 1(Adj.)	Pieceļošs
Past	Esot piecēlies	Present active 2 (Adv.)	Pieceldams
Future	Piecelšoties	Present active 3 (Adv.)	Pieceļot
Imperative	Lai pieceļoties	Present active 4 (Obj.)	Pieceļam
Conditional		Past active	Piecēlis
Present	Pieceltos	Present passive	Pieceļams
Past	Būtu piecēlies	Past passive	Piecelts
Debitive		**Nominal forms**	
Indicative	(Būt) jāpieceļas	Infinitive	Piecelties
Conjunctive 1	Esot jāpieceļas	Negative infinitive	Nepiecelties
Conjunctive 2	Jāpieceļoties	Verbal noun	Piecelšanās

To give (**dot**)

		Indicative						Imperative
		Present	Past	Future	Complex present	Complex past	Complex future	
1.p.sg.	Es (I)	Dodu	Devu	Došu	Esmu devis	Biju devis	Būšu devis	
2.p.sg.	Tu (You)	Dod	Devi	Dosi	Esi devis	Biji devis	Būsi devis	Dod
3.p.sg.	Viņš (He)	Dod	Deva	Dos	Ir devis	Bija devis	Būs devis	Lai dod
1.p.pl.	Mēs (We)	Dodam	Devām	Dosim	Esam devuši	Bijām devuši	Būsim devuši	Dosim
2.p.pl.	Jūs (You)	Dodat	Devāt	Dosiet	Esat devuši	Bijāt devuši	Būsiet devuši	Dodiet
3.p.pl.	Viņi (They)	Dod	Deva	Dos	Ir devuši	Bija devuši	Būs devuši	Lai dod

Conjunctive		Participles	
Present	Dodot	Present active 1(Adj.)	Dodošs
Past	Esot devis	Present active 2 (Adv.)	Dodams
Future	Došot	Present active 3 (Adv.)	Dodot
Imperative	Lai dodot	Present active 4 (Obj.)	Dodam
Conditional		Past active	Devis
Present	Dotu	Present passive	Dodams
Past	Būtu devis	Past passive	Dots
Debitive		**Nominal forms**	
Indicative	(Būt) jādod	Infinitive	Dot
Conjunctive 1	Esot jādod	Negative infinitive	Nedot
Conjunctive 2	Jādodot	Verbal noun	Došana

To go (iet)

		Indicative						Imperative
		Present	**Past**	**Future**	**Complex present**	**Complex past**	**Complex future**	
1.p.sg.	Es (I)	Eju	Gāju	Iešu	Esmu gājis	Biju gājis	Būšu gājis	
2.p.sg.	Tu (You)	Ej	Gāji	Iesi	Esi gājis	Biji gājis	Būsi gājis	Ej
3.p.sg.	Viņš (He)	Iet	Gāja	Ies	Ir gājis	Bija gājis	Būs gājis	Lai iet
1.p.pl.	Mēs (We)	Ejam	Gājām	Iesim	Esam gājuši	Bijām gājuši	Būsim gājuši	Iesim
2.p.pl.	Jūs (You)	Ejat	Gājāt	Iesiet	Esat gājuši	Bijāt gājuši	Būsiet gājuši	Ejiet
3.p.pl.	Viņi (They)	Iet	Gāja	Ies	Ir gājuši	Bija gājuši	Būs gājuši	Lai iet

Conjunctive		**Participles**	
Present	Ejot	Present active 1(Adj.)	Ejošs
Past	Esot gājis	Present active 2 (Adv.)	Iedams
Future	Iešot	Present active 3 (Adv.)	Ejot
Imperative	Lai ejot	Present active 4 (Obj.)	Ejam
Conditional		Past active	Gājis
Present	Ietu	Present passive	Ejams
Past	Būtu gājis	Past passive	Iets
Debitive		**Nominal forms**	
Indicative	(Būt) jāiet	Infinitive	Iet
Conjunctive 1	Esot jāiet	Negative infinitive	Neiet
Conjunctive 2	Jāejot	Verbal noun	Iešana

To happen (notikt)

		Indicative						Imperative
		Present	Past	Future	Complex present	Complex past	Complex future	
1.p.sg.	Es (I)	Notieku	Notiku	Notikšu	Esmu noticis	Biju noticis	Būšu noticis	
2.p.sg.	Tu (You)	Notiec	Notiki	Notiksi	Esi noticis	Biji noticis	Būsi noticis	Notiec
3.p.sg.	Viņš (He)	Notiek	Notika	Notiks	Ir noticis	Bija noticis	Būs noticis	Lai notiek
1.p.pl.	Mēs (We)	Notiekam	Notikām	Notiksim	Esam notikuši	Bijām notikuši	Būsim notikuši	Notiksim
2.p.pl.	Jūs (You)	Notiekat	Notikāt	Notiksiet	Esat notikuši	Bijāt notikuši	Būsiet notikuši	Notieciet
3.p.pl.	Viņi (They)	Notiek	Notika	Notiks	Ir notikuši	Bija notikuši	Būs notikuši	Lai notiek

Conjunctive		Participles	
Present	Notiekot	Present active 1(Adj.)	Notiekošs
Past	Esot noticis	Present active 2 (Adv.)	Notikdams
Future	Notikšot	Present active 3 (Adv.)	Notiekot
Imperative	Lai notiekot	Present active 4 (Obj.)	Notiekam
Conditional		Past active	Noticis
Present	Notiktu	Present passive	Notiekams
Past	Būtu noticis	Past passive	Notikts
Debitive		Nominal forms	
Indicative	(Būt) jānotiek	Infinitive	Notikt
Conjunctive 1	Esot jānotiek	Negative infinitive	Nenotikt
Conjunctive 2	Jānotiekot	Verbal noun	Notikšana

To have (piederēt)

		Indicative						Imperative
		Present	**Past**	**Future**	**Complex present**	**Complex past**	**Complex future**	
1.p.sg.	Es (I)	Piederu	Piederēju	Piederēšu	Esmu piederējis	Biju piederējis	Būšu piederējis	
2.p.sg.	Tu (You)	Piederi	Piederēji	Piederēsi	Esi piederējis	Biji piederējis	Būsi piederējis	Piederi
3.p.sg.	Viņš (He)	Pieder	Piederēja	Piederēs	Ir piederējis	Bija piederējis	Būs piederējis	Lai pieder
1.p.pl.	Mēs (We)	Piederam	Piederējām	Piederēsim	Esam piederējuši	Bijām piederējuši	Būsim piederējuši	Piederēsim
2.p.pl.	Jūs (You)	Piederat	Piederējāt	Piederēsiet	Esat piederējuši	Bijāt piederējuši	Būsiet piederējuši	Piederiet
3.p.pl.	Viņi (They)	Pieder	Piederēja	Piederēs	Ir piederējuši	Bija piederējuši	Būs piederējuši	Lai pieder

Conjunctive		**Participles**	
Present	Piederot	Present active 1(Adj.)	Piederošs
Past	Esot piederējis	Present active 2 (Adv.)	Piederēdams
Future	Piederēšot	Present active 3 (Adv.)	Piederot
Imperative	Lai piederot	Present active 4 (Obj.)	Piederam
Conditional		Past active	Piederējis
Present	Piederētu	Present passive	Piederams
Past	Būtu piederējis	Past passive	Piederēts
Debitive		**Nominal forms**	
Indicative	(Būt) jāpieder	Infinitive	Piederēt
Conjunctive 1	Esot jāpieder	Negative infinitive	Nepiederēt
Conjunctive 2	Jāpiederot	Verbal noun	Piederēšana

To hear (dzirdēt)

		Indicative						Imperative
		Present	Past	Future	Complex present	Complex past	Complex future	
1.p.sg.	Es (I)	Dzirdu	Dzirdēju	Dzirdēšu	Esmu dzirdējis	Biju dzirdējis	Būšu dzirdējis	
2.p.sg.	Tu (You)	Dzirdi	Dzirdēji	Dzirdēsi	Esi dzirdējis	Biji dzirdējis	Būsi dzirdējis	Dzirdi
3.p.sg.	Viņš (He)	Dzird	Dzirdēja	Dzirdēs	Ir dzirdējis	Bija dzirdējis	Būs dzirdējis	Lai dzird
1.p.pl.	Mēs (We)	Dzirdam	Dzirdējām	Dzirdēsim	Esam dzirdējuši	Bijām dzirdējuši	Būsim dzirdējuši	Dzirdēsim
2.p.pl.	Jūs (You)	Dzirdat	Dzirdējāt	Dzirdēsiet	Esat dzirdējuši	Bijāt dzirdējuši	Būsiet dzirdējuši	Dzirdiet
3.p.pl.	Viņi (They)	Dzird	Dzirdēja	Dzirdēs	Ir dzirdējuši	Bija dzirdējuši	Būs dzirdējuši	Lai dzird

Conjunctive		Participles	
Present	Dzirdot	Present active 1(Adj.)	Dzirdošs
Past	Esot dzirdējis	Present active 2 (Adv.)	Dzirdēdams
Future	Dzirdēšot	Present active 3 (Adv.)	Dzirdot
Imperative	Lai dzirdot	Present active 4 (Obj.)	Dzirdam
Conditional		Past active	Dzirdējis
Present	Dzirdētu	Present passive	Dzirdams
Past	Būtu dzirdējis	Past passive	Dzirdēts
Debitive		**Nominal forms**	
Indicative	(Būt) jādzird	Infinitive	Dzirdēt
Conjunctive 1	Esot jādzird	Negative infinitive	Nedzirdēt
Conjunctive 2	Jādzirdot	Verbal noun	Dzirdēšana

To help (palīdzēt)

		Indicative						Imperative
		Present	Past	Future	Complex present	Complex past	Complex future	
1.p.sg.	Es (I)	Palīdzu	Palīdzēju	Palīdzēšu	Esmu palīdzējis	Biju palīdzējis	Būšu palīdzējis	
2.p.sg.	Tu (You)	Palīdzi	Palīdzēji	Palīdzēsi	Esi palīdzējis	Biji palīdzējis	Būsi palīdzējis	Palīdzi
3.p.sg.	Viņš (He)	Palīdz	Palīdzēja	Palīdzēs	Ir palīdzējis	Bija palīdzējis	Būs palīdzējis	Lai palīdz
1.p.pl.	Mēs (We)	Palīdzam	Palīdzējām	Palīdzēsim	Esam palīdzējuši	Bijām palīdzējuši	Būsim palīdzējuši	Palīdzēsim
2.p.pl.	Jūs (You)	Palīdzat	Palīdzējāt	Palīdzēsiet	Esat palīdzējuši	Bijāt palīdzējuši	Būsiet palīdzējuši	Palīdziet
3.p.pl.	Viņi (They)	Palīdz	Palīdzēja	Palīdzēs	Ir palīdzējuši	Bija palīdzējuši	Būs palīdzējuši	Lai palīdz

Conjunctive		Participles	
Present	Palīdzot	Present active 1(Adj.)	Palīdzošs
Past	Esot palīdzējis	Present active 2 (Adv.)	Palīdzēdams
Future	Palīdzēšot	Present active 3 (Adv.)	Palīdzot
Imperative	Lai palīdzot	Present active 4 (Obj.)	Palīdzam
Conditional		Past active	Palīdzējis
Present	Palīdzētu	Present passive	Palīdzams
Past	Būtu palīdzējis	Past passive	Palīdzēts
Debitive		**Nominal forms**	
Indicative	(Būt) jāpalīdz	Infinitive	Palīdzēt
Conjunctive 1	Esot jāpalīdz	Negative infinitive	Nepalīdzēt
Conjunctive 2	Jāpalīdzot	Verbal noun	Palīdzēšana

To hold (turēt)

		Indicative						Imperative
		Present	Past	Future	Complex present	Complex past	Complex future	
1.p.sg.	Es (I)	Turu	Turēju	Turēšu	Esmu turējis	Biju turējis	Būšu turējis	
2.p.sg.	Tu (You)	Turi	Turēji	Turēsi	Esi turējis	Biji turējis	Būsi turējis	Turi
3.p.sg.	Viņš (He)	Tur	Turēja	Turēs	Ir turējis	Bija turējis	Būs turējis	Lai tur
1.p.pl.	Mēs (We)	Turam	Turējām	Turēsim	Esam turējuši	Bijām turējuši	Būsim turējuši	Turēsim
2.p.pl.	Jūs (You)	Turat	Turējāt	Turēsiet	Esat turējuši	Bijāt turējuši	Būsiet turējuši	Turiet
3.p.pl.	Viņi (They)	Tur	Turēja	Turēs	Ir turējuši	Bija turējuši	Būs turējuši	Lai tur

Conjunctive		Participles	
Present	Turot	Present active 1(Adj.)	Turošs
Past	Esot turējis	Present active 2 (Adv.)	Turēdams
Future	Turēšot	Present active 3 (Adv.)	Turot
Imperative	Lai turot	Present active 4 (Obj.)	Turam
Conditional		Past active	Turējis
Present	Turētu	Present passive	Turams
Past	Būtu turējis	Past passive	Turēts
Debitive		**Nominal forms**	
Indicative	(Būt) jātur	Infinitive	Turēt
Conjunctive 1	Esot jātur	Negative infinitive	Neturēt
Conjunctive 2	Jāturot	Verbal noun	Turēšana

To increase (palielināt)

		Indicative						Imperative
		Present	Past	Future	Complex present	Complex past	Complex future	
1.p.sg.	Es (I)	Palielinu	Palielināju	Palielināšu	Esmu palielinājis	Biju palielinājis	Būšu palielinājis	
2.p.sg.	Tu (You)	Palielini	Palielināji	Palielināsi	Esi palielinājis	Biji palielinājis	Būsi palielinājis	Palielini
3.p.sg.	Viņš (He)	Palielina	Palielināja	Palielinās	Ir palielinājis	Bija palielinājis	Būs palielinājis	Lai palielina
1.p.pl.	Mēs (We)	Palielinām	Palielinājām	Palielināsim	Esam palielinājuši	Bijām palielinājuši	Būsim palielinājuši	Palielināsim
2.p.pl.	Jūs (You)	Palielināt	Palielinājāt	Palielināsiet	Esat palielinājuši	Bijāt palielinājuši	Būsiet palielinājuši	Palieliniet
3.p.pl.	Viņi (They)	Palielina	Palielināja	Palielinās	Ir palielinājuši	Bija palielinājuši	Būs palielinājuši	Lai palielina

Conjunctive		Participles	
Present	Palielinot	Present active 1(Adj.)	Palielinošs
Past	Esot palielinājis	Present active 2 (Adv.)	Palielinādams
Future	Palielināšot	Present active 3 (Adv.)	Palielinot
Imperative	Lai palielinot	Present active 4 (Obj.)	Palielinām
Conditional		Past active	Palielinājis
Present	Palielinātu	Present passive	Palielināms
Past	Būtu palielinājs	Past passive	Palielināts
Debitive		Nominal forms	
Indicative	(Būt) jāpalielina	Infinitive	Palielināt
Conjunctive 1	Esot jāpalielina	Negative infinitive	Nepalielināt
Conjunctive 2	Jāpalielinot	Verbal noun	Palielināšana

To introduce (iepazīstināt)

		Indicative						Imperative
		Present	Past	Future	Complex present	Complex past	Complex future	
1.p.sg.	Es (I)	Iepazīstinu	Iepazīstināju	Iepazīstināšu	Esmu iepazīstinājis	Biju iepazīstinājis	Būšu iepazīstinājis	
2.p.sg.	Tu (You)	Iepazīstini	Iepazīstināji	Iepazīstināsi	Esi iepazīstinājis	Biji iepazīstinājis	Būsi iepazīstinājis	Iepazīstini
3.p.sg.	Viņš (He)	Iepazīstina	Iepazīstināja	Iepazīstinās	Ir iepazīstinājis	Bija iepazīstinājis	Būs iepazīstinājis	Lai iepazīstina
1.p.pl.	Mēs (We)	Iepazīstinām	Iepazīstinājām	Iepazīstināsim	Esam iepazīstinājuši	Bijām iepazīstinājuši	Būsim iepazīstinājuši	Iepazīstināsim
2.p.pl.	Jūs (You)	Iepazīstināt	Iepazīstinājāt	Iepazīstināsiet	Esat iepazīstinājuši	Bijāt iepazīstinājuši	Būsiet iepazīstinājuši	Iepazīstiniet
3.p.pl.	Viņi (They)	Iepazīstina	Iepazīstināja	Iepazīstinās	Ir iepazīstinājuši	Bija iepazīstinājuši	Būs iepazīstinājuši	Lai iepazīstina

Conjunctive		Participles	
Present	Iepazīstinot	Present active 1(Adj.)	Iepazīstinošs
Past	Esot iepazīstinājis	Present active 2 (Adv.)	Iepazīstinādams
Future	Iepazīstināšot	Present active 3 (Adv.)	Iepazīstinot
Imperative	Lai iepazīstinot	Present active 4 (Obj.)	Iepazīstinām
Conditional		Past active	Iepazīstinājis
Present	Iepazīstinātu	Present passive	Iepazīstināms
Past	Būtu iepazīstinājis	Past passive	Iepazīstināts
Debitive		Nominal forms	

Indicative	(Būt) jāiepazīstina	Infinitive	Iepazīstināt
Conjunctive 1	Esot jāiepazīstina	Negative infinitive	Neiepazīstināt
Conjunctive 2	Jāiepazīstinot	Verbal noun	Iepazīstināšana

To invite (ielūgt)

		Indicative						Imperative
		Present	Past	Future	Complex present	Complex past	Complex future	
1.p.sg.	Es (I)	Ielūdzu	Ielūdzu	Ielūgšu	Esmu ielūdzis	Biju ielūdzis	Būšu ielūdzis	
2.p.sg.	Tu (You)	Ielūdz	Ielūdzi	Ielūgsi	Esi ielūdzis	Biji ielūdzis	Būsi ielūdzis	Ielūdz
3.p.sg.	Viņš (He)	Ielūdz	Ielūdza	Ielūgs	Ir ielūdzis	Bija ielūdzis	Būs ielūdzis	Lai ielūdz
1.p.pl.	Mēs (We)	Ielūdzam	Ielūdzām	Ielūgsim	Esam ielūguši	Bijām ielūguši	Būsim ielūguši	Ielūgsim
2.p.pl.	Jūs (You)	Ielūdzat	Ielūdzāt	Ielūgsiet	Esat ielūguši	Bijāt ielūguši	Būsiet ielūguši	Ielūdziet
3.p.pl.	Viņi (They)	Ielūdz	Ielūdza	Ielūgs	Ir ielūguši	Bija ielūguši	Būs ielūguši	Lai ielūdz

Conjunctive		Participles	
Present	Ielūdzot	Present active 1(Adj.)	Ielūdzošs
Past	Esot ielūdzis	Present active 2 (Adv.)	Ielūgdams
Future	Ielūgšot	Present active 3 (Adv.)	Ielūdzot
Imperative	Lai ielūdzot	Present active 4 (Obj.)	Ielūdzam
Conditional		Past active	Ielūdzis
Present	Ielūgtu	Present passive	Ielūdzams
Past	Būtu ielūdzis	Past passive	Ielūgts
Debitive		**Nominal forms**	
Indicative	(Būt) jāielūdz	Infinitive	Ielūgt
Conjunctive 1	Esot jāielūdz	Negative infinitive	Neielūgt
Conjunctive 2	Jāielūdzot	Verbal noun	Ielūgšana

To kill (nogalināt)

		Indicative						Imperative
		Present	Past	Future	Complex present	Complex past	Complex future	
1.p.sg.	Es (I)	Nogalinu	Nogalināju	Nogalināšu	Esmu nogalinājis	Biju nogalinājis	Būšu nogalinājis	
2.p.sg.	Tu (You)	Nogalini	Nogalināji	Nogalināsi	Esi nogalinājis	Biji nogalinājis	Būsi nogalinājis	Nogalini
3.p.sg.	Viņš (He)	Nogalina	Nogalināja	Nogalinās	Ir nogalinājis	Bija nogalinājis	Būs nogalinājis	Lai nogalina
1.p.pl.	Mēs (We)	Nogalinām	Nogalinājām	Nogalināsim	Esam nogalinājuši	Bijām nogalinājuši	Būsim nogalinājuši	Nogalināsim
2.p.pl.	Jūs (You)	Nogalināt	Nogalinājāt	Nogalināsiet	Esat nogalinājuši	Bijāt nogalinājuši	Būsiet nogalinājuši	Nogaliniet
3.p.pl.	Viņi (They)	Nogalina	Nogalināja	Nogalinās	Ir nogalinājuši	Bija nogalinājuši	Būs nogalinājuši	Lai nogalina

Conjunctive		Participles	
Present	Nogalinot	Present active 1(Adj.)	Nogalinošs
Past	Esot nogalinājis	Present active 2 (Adv.)	Nogalinādams
Future	Nogalināšot	Present active 3 (Adv.)	Nogalinot
Imperative	Lai nogalinot	Present active 4 (Obj.)	Nogalinām
Conditional		Past active	Nogalinājis
Present	Nogalinātu	Present passive	Nogalināms
Past	Būtu nogalinājis	Past passive	Nogalināts
Debitive		**Nominal forms**	
Indicative	(Būt) jānogalina	Infinitive	Nogalināt
Conjunctive 1	Esot jānogalina	Negative infinitive	Nenogalināt
Conjunctive 2	Jānogalinot	Verbal noun	Nogalināšana

To kiss (noskūpstīt)

		Indicative						Imperative
		Present	Past	Future	Complex present	Complex past	Complex future	
1.p.sg.	Es (I)	Noskūpstu	Noskūpstīju	Noskūpstīšu	Esmu noskūpstījis	Biju noskūpstījis	Būšu noskūpstījis	
2.p.sg.	Tu (You)	Noskūpsti	Noskūpstīji	Noskūpstīsi	Esi noskūpstījis	Biji noskūpstījis	Būsi noskūpstījis	Noskūpsti
3.p.sg.	Viņš (He)	Noskūpsta	Noskūpstīja	Noskūpstīs	Ir noskūpstījis	Bija noskūpstījis	Būs noskūpstījis	Lai noskūpsta
1.p.pl.	Mēs (We)	Noskūpstām	Noskūpstījām	Noskūpstīsim	Esam noskūpstījuši	Bijām noskūpstījuši	Būsim noskūpstījuši	Noskūpstīsim
2.p.pl.	Jūs (You)	Noskūpstāt	Noskūpstījāt	Noskūpstīsiet	Esat noskūpstījuši	Bijāt noskūpstījuši	noskūpstījušikļuvuši	Noskūpstiet
3.p.pl.	Viņi (They)	Noskūpsta	Noskūpstīja	Noskūpstīs	Ir noskūpstījuši	Bija noskūpstījuši	Būs noskūpstījuši	Lai noskūpsta

Conjunctive		Participles	
Present	Noskūpstot	Present active 1(Adj.)	Noskūpstošs
Past	Esot noskūpstījis	Present active 2 (Adv.)	Noskūpstīdams
Future	Noskūpstīšot	Present active 3 (Adv.)	Noskūpstot
Imperative	Lai noskūpstot	Present active 4 (Obj.)	Noskūpstam
Conditional		Past active	Noskūpstījis
Present	Noskūpstītu	Present passive	Noskūpstāms
Past	Būtu noskūpstījis	Past passive	Noskūpstīts
Debitive		Nominal forms	

Indicative	(Būt) jānoskūpsta	Infinitive	Noskūpstīt
Conjunctive 1	Esot jānoskūpsta	Negative infinitive	Nenoskūpstīt
Conjunctive 2	Jānoskūpstot	Verbal noun	Noskūpstīšana

To know (zināt)

		Indicative						Imperative
		Present	Past	Future	Complex present	Complex past	Complex future	
1.p.s g.	Es (I)	Zinu	Zināju	Zināšu	Esmu zinājis	Biju zinājis	Būšu zinājis	
2.p.s g.	Tu (You)	Zini	Zināji	Zināsi	Esi zinājis	Biji zinājis	Būsi zinājis	Zini
3.p.s g.	Viņš (He)	Zina	Zināja	Zinās	Ir zinājis	Bija zinājis	Būs kļuviszināji s	Lai zina
1.p.pl.	Mēs (We)	Zinām	Zinājām	Zināsim	Esam zinājuši	Bijām zinājuši	Būsim zinājuši	Zināsim
2.p.pl.	Jūs (You)	Zināt	Zinājāt	Zināsiet	Esat zinājuši	Bijāt zinājuši	Būsiet zinājuši	Ziniet
3.p.pl.	Viņi (They)	Zina	Zināja	Zinās	Ir zinājuši	Bija zinājuši	Būs zinājuši	Lai zina

Conjunctive		Participles	
Present	Zinot	Present active 1(Adj.)	Zinošs
Past	Esot zinājis	Present active 2 (Adv.)	Zinādams
Future	Zināšot	Present active 3 (Adv.)	Zinot
Imperative	Lai zinot	Present active 4 (Obj.)	Zinām
Conditional		Past active	Zinājis
Present	Zinātu	Present passive	Zināms
Past	Būtu zinājis	Past passive	Zināts
Debitive		**Nominal forms**	
Indicative	(Būt) jāzina	Infinitive	Zināt
Conjunctive 1	Esot jāzina	Negative infinitive	Nezināt
Conjunctive 2	Jāzinot	Verbal noun	Zināšana

To laugh (smieties)

		Indicative						Imperative
		Present	Past	Future	Complex present	Complex past	Complex future	
1.p.sg.	Es (I)	Smejos	Smējos	Smiešos	Esmu smējies	Biju smējies	Būšu smējies	
2.p.sg.	Tu (You)	Smejies	Smējies	Smiesies	Esi smējies	Biji smējies	Būsi smējies	Smejies
3.p.sg.	Viņš (He)	Smejas	Smējās	Smiesies	Ir smējies	Bija smējies	Būs smējies	Lai smejas
1.p.pl.	Mēs (We)	Smejamies	Smējāmies	Smiesimies	Esam smējušies	Bijām smējušies	Būsim smējušies	Smiesimies
2.p.pl.	Jūs (You)	Smejaties	Smējāties	Smiesieties	Esat smējušies	Bijāt smējušies	Būsiet smējušies	Smejieties
3.p.pl.	Viņi (They)	Smejas	Smējās	Smiesies	Ir smējušies	Bija smējušies	Būs smējušies	Lai smejas

Conjunctive		Participles	
Present	Smejoties	Present active 1(Adj.)	Smejošs
Past	Esot smējies	Present active 2 (Adv.)	Smiedamies
Future	Smiešoties	Present active 3 (Adv.)	Smejot
Imperative	Lai smejoties	Present active 4 (Obj.)	Smejam
Conditional		Past active	Smējies
Present	Smietos	Present passive	Smejams
Past	Būtu smējies	Past passive	Smiets
Debitive		**Nominal forms**	
Indicative	(Būt) jāsmejas	Infinitive	Smieties
Conjunctive 1	Esot jāsmejas	Negative infinitive	Nesmieties
Conjunctive 2	Jāsmejoties	Verbal noun	Smiešanās

To learn (mācīties)

		Indicative						Imperative
		Present	Past	Future	Complex present	Complex past	Complex future	
1.p.s g.	Es (I)	Mācos	Mācījos	Mācīšos	Esmu mācījies	Biju mācījies	Būšu mācījies	
2.p.s g.	Tu (You)	Mācies	Mācījies	Mācīsies	Esi kļuvismācījies	Biji mācījies	Būsi mācījies	Mācies
3.p.s g.	Viņš (He)	Mācās	Mācījās	Mācīsies	Ir mācījies	Bija mācījies	Būs mācījies	Lai mācās
1.p.p l.	Mēs (We)	Mācāmies	Mācījāmies	Mācīsimies	Esam mācījušies	Bijām mācījušies	Būsim mācījušies	Mācīsimies
2.p.p l.	Jūs (You)	Mācāties	Mācījāties	Mācīsieties	Esat mācījušies	Bijāt mācījušies	Būsiet mācījušies	Mācieties
3.p.p l.	Viņi (They)	Mācās	Mācījās	Mācīsies	Ir mācījušies	Bija mācījušies	Būs mācījušies	Lai mācās

Conjunctive		Participles	
Present	Mācoties	Present active 1(Adj.)	Mācošs
Past	Esot mācījies	Present active 2 (Adv.)	Mācīdamies
Future	Mācīšoties	Present active 3 (Adv.)	Mācot
Imperative	Lai mācoties	Present active 4 (Obj.)	Mācām
Conditional		Past active	Mācījis
Present	Mācītos	Present passive	Mācāms
Past	Būtu mācījis	Past passive	Mācīts
Debitive		Nominal forms	
Indicative	(Būt) jāmācās	Infinitive	Mācīties
Conjunctive 1	Esot jāmācās	Negative infinitive	Nemācīties
Conjunctive 2	Jāmācoties	Verbal noun	Mācīšanās

To lie down (apgult**ies**)

		Indicative						Imperative
		Present	Past	Future	Complex present	Complex past	Complex future	
1.p.sg.	Es (I)	Apguļos	Apgūlos	Apgulšos	Esmu apgūlies	Biju apgūlies	Būšu apgūlies	
2.p.sg.	Tu (You)	Apgulies	Apgūlies	Apgulsies	Esi apgūlies	Biji apgūlies	Būsi apgūlies	Apgulies
3.p.sg.	Viņš (He)	Apguļas	Apgūlās	Apgulsies	Ir apgūlies	Bija apgūlies	Būs apgūliee	Lai apguļas
1.p.pl.	Mēs (We)	Apguļamies	Apgūlāmies	Apgulsimies	Esam apgūlušies	Bijām apgūlušies	Būsim apgūlušies	Apgulsimies
2.p.pl.	Jūs (You)	Apguļaties	Apgūlaties	Apgulsieties	Esat apgūlušies	Bijāt apgūlušies	Būsiet apgūlušies	Apgulieties
3.p.pl.	Viņi (They)	Apguļas	Apgūlās	Apgulsies	Ir apgūlušies	Bija apgūlušies	Būs apgūlušies	Lai apguļas

Conjunctive		Participles	
Present	Apguļoties	Present active 1(Adj.)	Apguļošs
Past	Esot apgūlies	Present active 2 (Adv.)	Apguldamies
Future	Apgulšoties	Present active 3 (Adv.)	Apguļot
Imperative	Lai apguļoties	Present active 4 (Obj.)	Apguļam
Conditional		Past active	Apgūlies
Present	Apgultos	Present passive	Apguļams
Past	Būtu apgūlies	Past passive	Apgūlies
Debitive		**Nominal forms**	
Indicative	(Būt) jāapguļas	Infinitive	Apgulties
Conjunctive 1	Esot jāapguļas	Negative infinitive	Neapgulties
Conjunctive 2	Jāapguļoties	Verbal noun	Apgulšanās

To like (patikt)

		Indicative						Imperative
		Present	Past	Future	Complex present	Complex past	Complex future	
1.p.sg.	Es (I)	Patīku	Patiku	Patikšu	Esmu paticis	Biju paticis	Būšu paticis	
2.p.sg.	Tu (You)	Patīc	Patiki	Patiksi	Esi paticis	Biji paticis	Būsi paticis	Patīc
3.p.sg.	Viņš (He)	Patīk	Patika	Patiks	Ir paticis	Bija paticis	Būs paticis	Lai patīk
1.p.pl.	Mēs (We)	Patīkam	Patikām	Patiksim	Esam patikuši	Bijām patikuši	Būsim patikuši	Patiksim
2.p.pl.	Jūs (You)	Patīkat	Patikāt	Patiksiet	Esat patikuši	Bijāt patikuši	Būsiet patikuši	Patīciet
3.p.pl.	Viņi (They)	Patīk	Patika	Patiks	Ir patikuši	Bija patikuši	Būs patikuši	Lai patīk

Conjunctive		Participles	
Present	Patīkot	Present active 1(Adj.)	Patīkošs
Past	Esot paticis	Present active 2 (Adv.)	Patikdams
Future	Patikšot	Present active 3 (Adv.)	Patīkot
Imperative	Lai patīkot	Present active 4 (Obj.)	Patīkam
Conditional		Past active	Paticis
Present	Patiktu	Present passive	Patīkamss
Past	Būtu paticis	Past passive	Patikts
Debitive		Nominal forms	
Indicative	(Būt) jāpatīk	Infinitive	Patikt
Conjunctive 1	Esot jāpatīk	Negative infinitive	Nepatikt
Conjunctive 2	Jāpatīkot	Verbal noun	Patikšana

To listen (klausīties)

		Indicative						Imperative
		Present	Past	Future	Complex present	Complex past	Complex future	
1.p.sg.	Es (I)	Klausos	Klausījos	Klausīšos	Esmu klausījies	Biju klausījies	Būšu klausījies	
2.p.sg.	Tu (You)	Klausies	Klausījies	Klausīsies	Esi klausījies	Biji klausījies	Būsi klausījies	Klausies
3.p.sg.	Viņš (He)	Klausās	Klausījās	Klausīsies	Ir klausījies	Bija klausījies	Būs klausījušies	Lai klausās
1.p.pl.	Mēs (We)	Klausāmies	Klausījāmies	Klausīsimies	Esam klausījušies	Bijām klausījušies	Būsim klausījušies	Klausīsimies
2.p.pl.	Jūs (You)	Klausāties	Klausījāties	Klausīsiete	Esat klausījušies	Bijāt klausījušies	Būsiet kļuvuši	Klausieties
3.p.pl.	Viņi (They)	Klausās	Klausījās	Klausīsies	Ir klausījušies	Bija klausījušies	Būs klausījušies	Lai klausās

Conjunctive		Participles	
Present	Klausoties	Present active 1(Adj.)	Klausošs
Past	Esot klausījies	Present active 2 (Adv.)	Klausīdamies
Future	Klausīšoties	Present active 3 (Adv.)	Klausot
Imperative	Lai klausoties	Present active 4 (Obj.)	Klausām
Conditional		Past active	Klausījis
Present	Klausītos	Present passive	Klausāms
Past	Būtu klausījies	Past passive	Klausīts
Debitive		**Nominal forms**	
Indicative	(Būt) jāklausās	Infinitive	Klausīties

Conjunctive 1	Esot jāklausās	Negative infinitive	Neklausīties
Conjunctive 2	Jāklausoties	Verbal noun	Klausīšanās

To live (dzīvot)

		Indicative						Imperative
		Present	Past	Future	Complex present	Complex past	Complex future	
1.p.sg.	Es (I)	Dzīvoju	Dzīvoju	Dzīvošu	Esmu dzīvojis	Biju dzīvojis	Būšu dzīvojis	
2.p.sg.	Tu (You)	Dzīvo	Dzīvoji	Dzīvosi	Esi dzīvojis	Biji dzīvojis	Būsi dzīvojis	Dzīvo
3.p.sg.	Viņš (He)	Dzīvo	Dzīvoja	Dzīvos	Ir dzīvojis	Bija dzīvojis	Būs dzīvojis	Lai dzīvo
1.p.pl.	Mēs (We)	Dzīvojam	Dzīvojām	Dzīvosim	Esam dzīvojuši	Bijām dzīvojuši	Būsim dzīvojuši	Dzīvosim
2.p.pl.	Jūs (You)	Dzīvojat	Dzīvojāt	Dzīvosiet	Esat dzīvojuši	Bijāt dzīvojuši	Bijām dzīvojuši	Dzīvojiet
3.p.pl.	Viņi (They)	Dzīvo	Dzīvoja	Dzīvos	Ir dzīvojuši	Bija dzīvojuši	Būs dzīvojuši	Lai dzīvo

Conjunctive		Participles	
Present	Dzīvojot	Present active 1(Adj.)	Dzīvojošs
Past	Esot dzīvojis	Present active 2 (Adv.)	Dzīvodams
Future	Dzīvošot	Present active 3 (Adv.)	Dzīvojot
Imperative	Lai dzīvojot	Present active 4 (Obj.)	Dzīvojam
Conditional		Past active	Dzīvojis
Present	Dzīvotu	Present passive	Dzīvojams
Past	Būtu dzīvojis	Past passive	Dzīvots
Debitive		**Nominal forms**	
Indicative	(Būt) jādzīvo	Infinitive	Dzīvot
Conjunctive 1	Esot jādzīvo	Negative infinitive	Nedzīvot
Conjunctive 2	Jādzīvojot	Verbal noun	Dzīvošana

To lose (zaudēt)

		Indicative						Imperative
		Present	Past	Future	Complex present	Complex past	Complex future	
1.p.sg.	Es (I)	Zaudēju	Zaudēju	Zaudēšu	Esmu zaudējis	Biju zaudējis	Būšu zaudējis	
2.p.sg.	Tu (You)	Zaudē	Zaudēji	Zaudēsi	Esi zaudējis	Biji zaudējis	Būsi zaudējis	Zaudē
3.p.sg.	Viņš (He)	Zaudē	Zaudēja	Zaudēs	Ir zaudējis	Bija zaudējis	Būs zaudējis	Lai zaudē
1.p.pl.	Mēs (We)	Zaudējam	Zaudējām	Zaudēsim	Esam zaudējuši	Bijām zaudējuši	Būsim zaudējuši	Zaudēsim
2.p.pl.	Jūs (You)	Zaudējat	Zaudējāt	Zaudēsiet	Esat zaudējuši	Bijāt zaudējuši	Būsiet zaudējuši	Zaudējiet
3.p.pl.	Viņi (They)	Zaudē	Zaudēja	Zaudēs	Ir zaudējuši	Bija zaudējuši	Būs zaudējuši	Lai zaudē

Conjunctive		Participles	
Present	Zaudējot	Present active 1(Adj.)	Zaudējošs
Past	Esot zaudējis	Present active 2 (Adv.)	Zaudēdams
Future	Zaudēšot	Present active 3 (Adv.)	Zaudējot
Imperative	Lai zaudējot	Present active 4 (Obj.)	Zaudējam
Conditional		Past active	Zaudējis
Present	Zaudētu	Present passive	Zaudējams
Past	Būtu zaudējis	Past passive	Zaudēts
Debitive		**Nominal forms**	
Indicative	(Būt) jāzaudē	Infinitive	Zaudēt
Conjunctive 1	Esot jāzaudē	Negative infinitive	Nezaudēt
Conjunctive 2	Jāzaudējot	Verbal noun	Zaudēšana

To love (mīlēt)

		Indicative						Imperative
		Present	Past	Future	Complex present	Complex past	Complex future	
1.p.sg.	Es (I)	Mīlu	Mīlēju	Mīlēšu	Esmu mīlējis	Biju mīlējis	Būšu mīlējis	
2.p.sg.	Tu (You)	Mīli	Mīlēji	Mīlēsi	Esi mīlējis	Biji mīlējis	Būsi mīlējis	Mīli
3.p.sg.	Viņš (He)	Mīl	Mīlēja	Mīlēs	Ir mīlējis	Bija mīlējis	Būs mīlējis	Lai mīl
1.p.pl.	Mēs (We)	Mīlam	Mīlējām	Mīlēsim	Esam mīlējuši	Bijām mīlējuši	Būsim mīlējuši	Mīlēsim
2.p.pl.	Jūs (You)	Mīlat	Mīlējāt	Mīlēsiet	Esat mīlējuši	Bijāt mīlējuši	Būsiet mīlējuši	Mīliet
3.p.pl.	Viņi (They)	Mīl	Mīlēja	Mīlēs	Ir mīlējuši	Bija mīlējuši	Būs mīlējuši	Lai mīl

Conjunctive		Participles	
Present	Mīlot	Present active 1(Adj.)	Mīlošs
Past	Esot mīlējis	Present active 2 (Adv.)	Mīlēdams
Future	Mīlēšot	Present active 3 (Adv.)	Mīlot
Imperative	Lai mīlot	Present active 4 (Obj.)	Mīlam
Conditional		Past active	Mīlējis
Present	Mīlētu	Present passive	Mīlams
Past	Būtu mīlējis	Past passive	Mīlēts
Debitive		Nominal forms	
Indicative	(Būt) jāmīl	Infinitive	Mīlēt
Conjunctive 1	Esot jāmīl	Negative infinitive	Nemīlēt
Conjunctive 2	Jāmīl	Verbal noun	Mīlēšana

To meet (satikt)

		Indicative						Imperative
		Present	Past	Future	Complex present	Complex past	Complex future	
1.p.s g.	Es (I)	Satieku	Satiku	Satikšu	Esmu saticis	Biju saticis	Būšu saticis	
2.p.s g.	Tu (You)	Satiec	Satiki	Satiksi	Esi saticis	Biji saticis	Būsi saticis	Satiec
3.p.s g.	Viņš (He)	Satiek	Satika	Satiks	Ir saticis	Bija saticis	Būs saticis	Lai satiek
1.p.pl.	Mēs (We)	Satiekam	Satikām	Satiksim	Esam satikuši	Bijām satikuši	Būsim satikuši	Satiksim
2.p.pl.	Jūs (You)	Satiekat	Satikāt	Satiksiet	Esat satikuši	Bijāt satikuši	Būsiet satikuši	Satieciet
3.p.pl.	Viņi (They)	Satiek	Satika	Satiks	Ir satikuši	Bija satikuši	Būs satikuši	Lai satiek

Conjunctive		Participles	
Present	Satiekot	Present active 1(Adj.)	Satiekošs
Past	Esot saticis	Present active 2 (Adv.)	Satikdams
Future	Satikšot	Present active 3 (Adv.)	Satiekot
Imperative	Lai satiekot	Present active 4 (Obj.)	Satiekam
Conditional		Past active	Saticis
Present	Satiktu	Present passive	Satiekams
Past	Būtu saticis	Past passive	Satikts
Debitive		**Nominal forms**	
Indicative	(Būt) jāsatiek	Infinitive	Satikt
Conjunctive 1	Esot jāsatiek	Negative infinitive	Nesatikt
Conjunctive 2	Jāsatiekot	Verbal noun	Satikšana

To need (vajadzēt)

		Indicative						Imperative
		Present	**Past**	**Future**	**Complex present**	**Complex past**	**Complex future**	
1.p.sg.	Es (I)	-	-	-	Esmu vajadzīgs	Biju vajadzīgs	Būšu vajadzīgs	
2.p.sg.	Tu (You)	-	-	-	Esi vajadzīgs	Biji vajadzīgs	Būsi vajadzīgs	
3.p.sg.	Viņš (He)	vajag	vajadzēja	vajadzēs	Ir vajadzīgs	Bija vajadzīgs	Būs vajadzīgs	Lai vajag
1.p.pl.	Mēs (We)	-	-	-	Esam vajadzīgi	Bijām vajadzīgi	Būsim vajadzīgi	
2.p.pl.	Jūs (You)	-	-	-	Esat vajadzīgi	Bijāt vajadzīgi	Būsiet vajadzīgi	
3.p.pl.	Viņi (They)	vajag	vajadzēja	vajadzēs	Ir vajadzīgi	Bija vajadzīgi	Būs vajadzīgi	Lai vajag

Conjunctive		**Participles**	
Present	Vajagot	Present active 1(Adj.)	Vajagošs
Past	Esot vajadzējis	Present active 2 (Adv.)	-
Future	Vajadzēšot	Present active 3 (Adv.)	-
Imperative	Lai vajagot	Present active 4 (Obj.)	-
Conditional		Past active	Vajadzējis
Present	Vajadzētu	Present passive	-
Past	Būtu vajadzējis	Past passive	Vajadzēts
Debitive		**Nominal forms**	
Indicative	(Būt) jāvajag	Infinitive	Vajadzēt
Conjunctive 1	Esot jāvajag	Negative infinitive	Nevajadzēt
Conjunctive 2	Jāvajagot	Verbal noun	Vajadzēšana

To notice (pamanīt)

		Indicative						Imperative
		Present	Past	Future	Complex present	Complex past	Complex future	
1.p.sg.	Es (I)	Pamanu	Pamanīju	Pamanīšu	Esmu pamanījis	Biju pamanījis	Būšu pamanījis	
2.p.sg.	Tu (You)	Pamani	Pamanīji	Pamanīsi	Esi pamanījis	Biji pamanījis	Būsi pamanījis	Pamani
3.p.sg.	Viņš (He)	Pamana	Pamanīja	Pamanīs	Ir pamanījis	Bija pamanījis	Būs pamanījis	Lai pamana
1.p.pl.	Mēs (We)	Pamanām	Pamanījām	Pamanīsim	Esam pamanījuši	Bijām pamanījuši	Būsim pamanījuši	Pamanīsim
2.p.pl.	Jūs (You)	Pamanāt	Pamanījāt	Pamanīsiet	Esat pamanījuši	Bijāt pamanījuši	Būsiet pamanījuši	Pamaniet
3.p.pl.	Viņi (They)	Pamana	Pamanīja	Pamanīs	Ir pamanījuši	Bija pamanījuši	Būs pamanījuši	Lai pamana

Conjunctive		Participles	
Present	Pamanot	Present active 1(Adj.)	Pamanošs
Past	Esot pamanījis	Present active 2 (Adv.)	Pamanīdams
Future	Pamanīšot	Present active 3 (Adv.)	Pamanot
Imperative	Lai pamanot	Present active 4 (Obj.)	Pamanām
Conditional		Past active	Pamanījis
Present	Pamanītu	Present passive	Pamanāms
Past	Būtu pamanījis	Past passive	Pamanīts
Debitive		Nominal forms	
Indicative	(Būt) jāpamana	Infinitive	Pamanīt
Conjunctive 1	Esot jāpamana	Negative infinitive	Nepamanīt
Conjunctive 2	Jāpamana	Verbal noun	Pamanīšana

To open (atvērt)

		Indicative						Imperative
		Present	Past	Future	Complex present	Complex past	Complex future	
1.p.sg.	Es (I)	Atveru	Atvēru	Atvēršu	Esmu atvēris	Biju atvēris	Būšu atvēris	
2.p.sg.	Tu (You)	Atver	Atvēri	Atvērsi	Esi atvēris	Biji atvēris	Būsi atvēris	Atver
3.p.sg.	Viņš (He)	Atver	Atvēra	Atvērs	Ir atvēris	Bija atvēris	Būs atvēris	Lai atver
1.p.pl.	Mēs (We)	Atveram	Atvērām	Atvērsim	Esam atvēruši	Bijām atvēruši	Būsim atvēruši	Atvērsim
2.p.pl.	Jūs (You)	Atverat	Atvērāt	Atvērsiet	Esat atvēruši	Bijāt atvēruši	Būsiet atvēruši	Atveriet
3.p.pl.	Viņi (They)	Atver	Atvēra	Atvērs	Ir atvēruši	Bija atvēruši	Būs atvēruši	Lai atver

Conjunctive		Participles	
Present	Atverot	Present active 1(Adj.)	Atverošs
Past	Esot atvēris	Present active 2 (Adv.)	Atvērdams
Future	Atvēršot	Present active 3 (Adv.)	Atverot
Imperative	Lai atverot	Present active 4 (Obj.)	Atveram
Conditional		Past active	Atvēris
Present	Atvērtu	Present passive	Atverams
Past	Būtu atvēris	Past passive	Atvērts
Debitive		Nominal forms	
Indicative	(Būt) jāatver	Infinitive	Atvērt
Conjunctive 1	Esot jāatver	Negative infinitive	Neatvērt
Conjunctive 2	Jāatverot	Verbal noun	Atvēršana

To play (spēlēt)

		Indicative						Imperative
		Present	Past	Future	Complex present	Complex past	Complex future	
1.p.sg.	Es (I)	Spēlēju	Spēlēju	Spēlēšu	Esmu spēlējis	Biju spēlējis	Būšu spēlējis	
2.p.sg.	Tu (You)	Spēlē	Spēlēji	Spēlēsi	Esi spēlējis	Biji spēlējis	Būsi spēlējis	Spēlē
3.p.sg.	Viņš (He)	Spēlē	Spēlēja	Spēlēs	Ir spēlējis	Bija spēlējis	Būs spēlējis	Lai spēlē
1.p.pl.	Mēs (We)	Spēlējam	Spēlējām	Spēlēsim	Esam spēlējuši	Bijām spēlējuši	Būsim spēlējuši	Spēlēsim
2.p.pl.	Jūs (You)	Spēlējat	Spēlējāt	Spēlēsiet	Esat spēlējuši	Bijāt spēlējuši	Būsiet spēlējuši	Spēlējiet
3.p.pl.	Viņi (They)	Spēlē	Spēlēja	Spēlēs	Ir spēlējuši	Bija spēlējuši	Būs spēlējuši	Lai spēlē

Conjunctive		Participles	
Present	Spēlējot	Present active 1(Adj.)	Spēlējošs
Past	Esot spēlējis	Present active 2 (Adv.)	Spēlēdams
Future	Spēlēšot	Present active 3 (Adv.)	Spēlējot
Imperative	Lai spēlējot	Present active 4 (Obj.)	Spēlējam
Conditional		Past active	Spēlējis
Present	Spēlētu	Present passive	Spēlējams
Past	Būtu spēlējis	Past passive	Spēlēts
Debitive		**Nominal forms**	
Indicative	(Būt) jāspēlē	Infinitive	Spēlēt
Conjunctive 1	Esot jāspēlē	Negative infinitive	Nespēlēt
Conjunctive 2	Jāspēlējot	Verbal noun	Spēlēšana

To put (nolikt)

		Indicative						Imperative
		Present	Past	Future	Complex present	Complex past	Complex future	
1.p.sg.	Es (I)	Nolieku	Noliku	Nolikšu	Esmu nolicis	Biju nolicis	Būšu nolicis	
2.p.sg.	Tu (You)	Noliec	Noliki	Noliksi	Esi nolicis	Biji nolicis	Būsi nolicis	Noliec
3.p.sg.	Viņš (He)	Noliek	Nolika	Noliks	Ir nolicis	Bija nolicis	Būs nolicis	Lai noliek
1.p.pl.	Mēs (We)	Noliekam	Nolikām	Noliksim	Esam nolikuši	Bijām nolikuši	nolikušinolikuši	Noliksim
2.p.pl.	Jūs (You)	Noliekat	Nolikāt	Noliksiet	Esat nolikuši	Bijāt nolikuši	Būsiet nolikuši	Nolieciet
3.p.pl.	Viņi (They)	Noliek	Nolika	Noliks	Ir nolikuši	Bija nolikuši	Būs kļuvuši	Lai noliek

Conjunctive		Participles	
Present	Noliekot	Present active 1(Adj.)	Noliekošs
Past	Esot nolicis	Present active 2 (Adv.)	Nolikdams
Future	Nolikšot	Present active 3 (Adv.)	Noliekot
Imperative	Lai noliekot	Present active 4 (Obj.)	Noliekam
Conditional		Past active	Nolicis
Present	Noliktu	Present passive	Noliekams
Past	Būtu nolicis	Past passive	Nolikts
Debitive		Nominal forms	
Indicative	(Būt) jānoliek	Infinitive	Nolikt
Conjunctive 1	Esot jānoliek	Negative infinitive	Nenolikt
Conjunctive 2	Jānoliekot	Verbal noun	Nolikšana

To read (lasīt)

		Indicative						Imperative
		Present	Past	Future	Complex present	Complex past	Complex future	
1.p.sg.	Es (I)	Lasu	Lasīju	Lasīšu	Esmu lasījis	Biju lasījis	Būšu lasījis	
2.p.sg.	Tu (You)	Lasi	Lasīji	Lasīsi	Esi lasījis	Biji lasījis	Būsi lasījis	Lasi
3.p.sg.	Viņš (He)	Lasa	Lasīja	Lasīs	Ir lasījis	Bija lasījis	Būs lasījis	Lai lasa
1.p.pl.	Mēs (We)	Lasām	Lasījām	Lasīsim	Esam lasījuši	Bijām lasījuši	Būsim lasījuši	Lasīsim
2.p.pl.	Jūs (You)	Lasāt	Lasījāt	Lasīsiet	Esat lasījuši	Bijāt lasījuši	Būsiet lasījuši	Lasiet
3.p.pl.	Viņi (They)	Lasa	Lasīja	Lasīs	Ir lasījuši	Bija lasījuši	Būs lasījuši	Lai lasa

Conjunctive		Participles	
Present	Lasot	Present active 1(Adj.)	Lasošs
Past	Esot lasījis	Present active 2 (Adv.)	Lasīdams
Future	Lasīšot	Present active 3 (Adv.)	Lasot
Imperative	Lai lasot	Present active 4 (Obj.)	Lasām
Conditional		Past active	Lasījis
Present	Lasītu	Present passive	Lasāms
Past	Būtu lasījis	Past passive	Lasīts
Debitive		Nominal forms	
Indicative	(Būt) jālasa	Infinitive	Lasīt
Conjunctive 1	Esot jālasa	Negative infinitive	Nelasīt
Conjunctive 2	Jālasot	Verbal noun	Lasīšana

To receive (saņemt)

		Indicative						Imperative
		Present	Past	Future	Complex present	Complex past	Complex future	
1.p.sg.	Es (I)	Saņemu	Saņēmu	Saņemšu	Esmu saņēmis	Biju saņēmis	Būšu saņēmis	
2.p.sg.	Tu (You)	Saņem	Saņēmi	Saņemsi	Esi saņēmis	Biji saņēmis	Būsi saņēmis	Saņem
3.p.sg.	Viņš (He)	Saņem	Saņēma	Saņems	Ir saņēmis	Bija saņēmis	Būs saņēmis	Lai saņem
1.p.pl.	Mēs (We)	Saņemam	Saņēmām	Saņemsim	Esam saņēmuši	Bijām saņēmuši	Būsim saņēmuši	Saņemsim
2.p.pl.	Jūs (You)	Saņemat	Saņēmāt	Saņemsiet	Esat saņēmuši	Bijāt saņēmuši	Būsiet saņēmuši	Saņemiet
3.p.pl.	Viņi (They)	Saņem	Saņēma	Saņems	Ir saņēmuši	Bija saņēmuši	Būs saņēmuši	Lai saņem

Conjunctive		Participles	
Present	Saņemot	Present active 1(Adj.)	Saņemošs
Past	Esot saņēmis	Present active 2 (Adv.)	Saņemdams
Future	Saņemšot	Present active 3 (Adv.)	Saņemot
Imperative	Lai saņemot	Present active 4 (Obj.)	Saņemam
Conditional		Past active	Saņēmis
Present	Saņemtu	Present passive	Saņemams
Past	Būtu saņēmis	Past passive	Saņemts
Debitive		**Nominal forms**	
Indicative	(Būt) jāsaņem	Infinitive	Saņemt
Conjunctive 1	Esot jāsaņem	Negative infinitive	Nesaņemt
Conjunctive 2	Jāsaņemot	Verbal noun	Saņemšana

To remember (atcerēties)

		Indicative						Imperative
		Present	Past	Future	Complex present	Complex past	Complex future	
1.p.sg.	Es (I)	Atceros	Atcerējos	Atcerēšos	Esmu atcerējies	Biju atcerējies	Būšu atcerējies	
2.p.sg.	Tu (You)	Atceries	Atcerējies	Atcerēsies	Esi atcerējies	Biji atcerējies	Būsi atcerējies	Atceries
3.p.sg.	Viņš (He)	Atceras	Atcerējās	Atcerēsies	Ir atcerējies	Bija atcerējies	Būs atcerējies	Lai atceras
1.p.pl.	Mēs (We)	Atceramies	Atcerējāmies	Atcerēsimies	Esam atcerējušies	Bijām atcerējušies	Būsim atcerējušies	Atcerēsimies
2.p.pl.	Jūs (You)	Atceraties	Atcerējāties	Atcerēsieties	Esat atcerējušies	Bijāt atcerējušies	Būsiet atcerējušies	Atcerieties
3.p.pl.	Viņi (They)	Atceras	Atcerējās	Atcerēsies	Ir atcerējušies	Bija atcerējušies	Būs atcerējušies	Lai atceras

Conjunctive		Participles	
Present	Atceroties	Present active 1(Adj.)	Atcerošs
Past	Esot atcerējies	Present active 2 (Adv.)	Atcerēdamies
Future	Atcerēšoties	Present active 3 (Adv.)	Atceroties
Imperative	Lai atceroties	Present active 4 (Obj.)	Atceramies
Conditional		Past active	Atcerējies
Present	Atcerētos	Present passive	Atceramies
Past	Būtu atcerējies	Past passive	Atcerēts
Debitive		Nominal forms	
Indicative	(Būt) jāatcerās	Infinitive	Atcerēties
Conjunctive 1	Esot jāatcerās	Negative infinitive	Neatcerēties
Conjunctive 2	Jāatceroties	Verbal noun	Atcerēšanās

To repeat (atkārtot)

		Indicative						Imperative
		Present	Past	Future	Complex present	Complex past	Complex future	
1.p.sg.	Es (I)	Atkārtoju	Atkārtoju	Atkārtošu	Esmu atkārtojis	Biju atkārtojis	Būšu atkārtojis	
2.p.sg.	Tu (You)	Atkārto	Atkārtoji	Atkārtosi	Esi atkārtojis	Biji atkārtojis	Būsi atkārtojis	Atkārto
3.p.sg.	Viņš (He)	Atkārto	Atkārtoja	Atkārtos	Ir atkārtojis	Bija atkārtojis	Būs atkārtojis	Lai atkārto
1.p.pl.	Mēs (We)	Atkārtojam	Atkārtojām	Atkārtosim	Esam atkārtojuši	Bijām atkārtojuši	Būsim atkārtojuši	Atkārtosim
2.p.pl.	Jūs (You)	Atkārtojat	Atkārtojāt	Atkārtosiet	Esat atkārtojuši	Bijāt atkārtojuši	Būsiet atkārtojuši	Atkārtojiet
3.p.pl.	Viņi (They)	Atkārto	Atkārtoja	Atkārtos	Ir atkārtojuši	Bija atkārtojuši	Būs atkārtojuši	Lai atkārto

Conjunctive		Participles	
Present	Atkārtojot	Present active 1(Adj.)	Atkārtojošs
Past	Esot atkārtojis	Present active 2 (Adv.)	Atkārtodams
Future	Atkārtošot	Present active 3 (Adv.)	Atkārtot
Imperative	Lai atkārtojot	Present active 4 (Obj.)	Atkārtojam
Conditional		Past active	Atkārtojis
Present	Atkārtotu	Present passive	Atkārtojams
Past	Būtu atkārtojis	Past passive	Atkārtots
Debitive		Nominal forms	
Indicative	(Būt) jāatkārto	Infinitive	Atkārtot
Conjunctive 1	Esot jāatkārto	Negative infinitive	Neatkārtot
Conjunctive 2	Jāatkārtojot	Verbal noun	Atkārtošana

To return (atgriezt)

		Indicative						Imperative
		Present	Past	Future	Complex present	Complex past	Complex future	
1.p.sg.	Es (I)	Atgriežu	Atgriezu	Atgriezīšu	Esmu atgriezis	Biju atgriezis	Būšu atgriezis	
2.p.sg.	Tu (You)	Atgriez	Atgriezi	Atgriezīsi	Esi atgriezis	Biji atgriezis	Būsi atgriezis	Atgriez
3.p.sg.	Viņš (He)	Atgriež	Atgrieza	Atgriezīs	Ir atgriezis	Bija atgriezis	Būs atgriezis	Lai atgriež
1.p.pl.	Mēs (We)	Atgriežam	Atgriezām	Atgriezīsim	Esam atgriezuši	Bijām atgriezuši	Būsim atgriezuši	Atgriezīsim
2.p.pl.	Jūs (You)	Atgriežat	Atgriezāt	Atgriezīsiet	Esat atgriezuši	Bijāt atgriezuši	Būsiet atgriezuši	Atgrieziet
3.p.pl.	Viņi (They)	Atgriež	Atgrieza	Atgriezīs	Ir atgriezuši	Bija atgriezuši	Būs atgriezuši	Lai atgriež

Conjunctive		Participles	
Present	Atgriežot	Present active 1(Adj.)	Atgriezošs
Past	Esot atgriezis	Present active 2 (Adv.)	Atgriezdams
Future	Atgriezīšot	Present active 3 (Adv.)	Atgriežot
Imperative	Lai atgriežot	Present active 4 (Obj.)	Atgriežam
Conditional		Past active	Atgriezis
Present	Atgriezts	Present passive	Atgriežams
Past	Būtu atgriezis	Past passive	Atgriests
Debitive		**Nominal forms**	
Indicative	(Būt) jāatgriež	Infinitive	Atgriezt
Conjunctive 1	Esot jāatgriež	Negative infinitive	Neatgriezt
Conjunctive 2	Jāatgriežot	Verbal noun	Atgriešana

LATVIAN LANGUAGE: 101 LATVIAN VERBS

To run (skriet)

		Indicative						Imperative
		Present	Past	Future	Complex present	Complex past	Complex future	
1.p.sg.	Es (I)	Skrienu	Skrēju	Skriešu	Esmu skrējis	Biju skrējis	Būšu skrējis	
2.p.sg.	Tu (You)	Skrien	Skrēji	Skriesi	Esi skrējis	Biji skrējis	Būsi skrējis	Skrien
3.p.sg.	Viņš (He)	Skrien	Skrēja	Skries	Ir skrējis	Bija skrējis	Būs skrējis	Lai skrien
1.p.pl.	Mēs (We)	Skrienam	Skrējām	Skriesim	Esam skrējuši	Bijām skrējuši	Būsim skrējuši	Skriesim
2.p.pl.	Jūs (You)	Skrienat	Skrējāt	Skriesiet	Esat skrējuši	Bijāt skrējuši	Būsiet skrējuši	Skrieniet
3.p.pl.	Viņi (They)	Skrien	Skrēja	Skries	Ir skrējuši	Bija skrējuši	Būs skrējuši	Lai skrien

Conjunctive		Participles	
Present	Skrienot	Present active 1(Adj.)	Skrienošs
Past	Esot skrējis	Present active 2 (Adv.)	Skriedams
Future	Skriešot	Present active 3 (Adv.)	Skrienot
Imperative	Lai skrienot	Present active 4 (Obj.)	Skrienam
Conditional		Past active	Skrējis
Present	Skrietu	Present passive	Skrienams
Past	Būtu skrējis	Past passive	Skriets
Debitive		Nominal forms	
Indicative	(Būt) jāskrien	Infinitive	Skriet
Conjunctive 1	Esot jāskrien	Negative infinitive	Neskriet
Conjunctive 2	Jāskrienot	Verbal noun	Skriešana

To say (**te**i**kt**)

		Indicative						Imperative
		Present	Past	Future	Complex present	Complex past	Complex future	
1.p.sg.	Es (I)	Teicu	Teicu	Teikšu	Esmu teicis	Biju teicis	Būšu teicis	
2.p.sg.	Tu (You)	Teic	Teici	Teiksi	Esi teicis	Biji teicis	Būsi teicis	Teic
3.p.sg.	Viņš (He)	Teic	Teica	Teiks	Ir teicis	Bija teicis	Būs teicis	Lai teic
1.p.pl.	Mēs (We)	Teicam	Teicām	Teiksim	Esam teikuši	Bijām teikuši	Būsim teikuši	Teiksim
2.p.pl.	Jūs (You)	Teicat	Teicāt	Teiksiet	Esat teikuši	Bijāt teikuši	Būsiet teikuši	Teiciet
3.p.pl.	Viņi (They)	Teic	Teica	Teiks	Ir teikuši	Bija teikuši	Būs teikuši	Lai teic

Conjunctive		Participles	
Present	Teicot	Present active 1(Adj.)	Teicošs
Past	Esot teicis	Present active 2 (Adv.)	Teikdams
Future	Teikšot	Present active 3 (Adv.)	Teicot
Imperative	Lai teicot	Present active 4 (Obj.)	Teicam
Conditional		Past active	Teicis
Present	Teiktu	Present passive	Teicams
Past	Būtu teicis	Past passive	Teikts
Debitive		**Nominal forms**	
Indicative	(Būt) jāteic	Infinitive	Teikt
Conjunctive 1	Esot jāteic	Negative infinitive	Neteikt
Conjunctive 2	Jāteicot	Verbal noun	Teikšana

To scream (kliegt)

		Indicative			Complex present	Complex past	Complex future	Imperative
		Present	Past	Future				
1.p.sg.	Es (I)	Kliedzu	Kliedzu	Kliegšu	Esmu kliedzis	Biju kliedzis	Būšu kliedzis	
2.p.sg.	Tu (You)	Kliedz	Kliedzi	Kliegsi	Esi kliedzis	Biji kliedzis	Būsi kliedzis	Kliedz
3.p.sg.	Viņš (He)	Kliedz	Kliedza	Kliegs	Ir kliedzis	Bija kliedzis	Būs kliedzis	Lai kliedz
1.p.pl.	Mēs (We)	Kliedzam	Kliedzām	Kliegsim	Esam klieguši	Bijām klieguši	kliegušikļuvuši	Kliegsim
2.p.pl.	Jūs (You)	Kliedzat	Kliedzāt	Kliegsiet	Esat klieguši	Bijāt klieguši	Būsiet klieguši	Kliedziet
3.p.pl.	Viņi (They)	Kliedz	Kliedza	Kliegs	Ir klieguši	Bija klieguši	Būs klieguši	Lai kliedz

Conjunctive		Participles	
Present	Kliedzot	Present active 1(Adj.)	Kliedzošs
Past	Esot kliedzis	Present active 2 (Adv.)	Kliegdams
Future	Kliegšot	Present active 3 (Adv.)	Kliedzot
Imperative	Lai kliedzot	Present active 4 (Obj.)	Kliedzam
Conditional		Past active	Kliedzis
Present	Kliegtu	Present passive	Kliedzams
Past	Būtu kliedzis	Past passive	Kliegts
Debitive		**Nominal forms**	
Indicative	(Būt) jākliedz	Infinitive	Kliegt
Conjunctive 1	Esot jākliedz	Negative infinitive	Nekliegt
Conjunctive 2	Jākliedzot	Verbal noun	Kliegšana

To see (redzēt)

		Indicative						Imperative
		Present	Past	Future	Complex present	Complex past	Complex future	
1.p.sg.	Es (I)	Redzu	Redzēju	Redzēšu	Esmu redzējis	Biju redzējis	Būšu redzējis	
2.p.sg.	Tu (You)	Redzi	Redzēji	Redzēsi	Esi redzējis	Biji redzējis	Būsi redzējis	Redzi
3.p.sg.	Viņš (He)	Redz	Redzēja	Redzēs	Ir redzējis	Bija redzējis	Būs redzējis	Lai redz
1.p.pl.	Mēs (We)	Redzam	Redzējām	Redzēsim	Esam redzējuši	Bijām redzējuši	Būsim redzējuši	Redzēsim
2.p.pl.	Jūs (You)	Redzat	Redzējāt	Redzēsiet	Esat redzējuši	Bijāt redzējuši	Būsiet redzējuši	Redziet
3.p.pl.	Viņi (They)	Redz	Redzēja	Redzēs	Ir redzējuši	Bija redzējuši	Būs redzējuši	Lai redz

Conjunctive		Participles	
Present	Redzot	Present active 1(Adj.)	Redzošs
Past	Esot redzējis	Present active 2 (Adv.)	Redzēdams
Future	Redzēšot	Present active 3 (Adv.)	Redzot
Imperative	Lai redzot	Present active 4 (Obj.)	Redzam
Conditional		Past active	Redzējis
Present	Redzētu	Present passive	Redzams
Past	Būtu redzējis	Past passive	Redzēts
Debitive		Nominal forms	
Indicative	(Būt) jāredz	Infinitive	Redzēt
Conjunctive 1	Esot jāredz	Negative infinitive	Neredzēt
Conjunctive 2	Jāredzot	Verbal noun	Redzēšana

To seem (šķist)

		Indicative						Imperative
		Present	Past	Future	Complex present	Complex past	Complex future	
1.p.sg.	Es (I)	Šķietu	Šķitu	Šķitīšu	Ir šķitis	Bija šķitis	Būs šķitis	
2.p.sg.	Tu (You)	Šķiet	Šķiti	Šķitīsi	Ir šķitis	Bija šķitis	Būs šķitis	Šķiet
3.p.sg.	Viņš (He)	Šķiet	Šķita	Šķitīs	Ir šķitis	Bija šķitis	Būs šķitis	Lai šķiet
1.p.pl.	Mēs (We)	Šķietam	Šķitām	Šķitīsim	Ir šķitis	Bija šķitis	Būs šķitis	Šķitīsim
2.p.pl.	Jūs (You)	Šķietat	Šķitāt	Šķitīsiet	Ir šķitis	Bija šķitis	Būs šķitis	Šķietiet
3.p.pl.	Viņi (They)	Šķiet	Šķita	Šķitīs	Ir šķitis	Bija šķitis	Būs šķitis	Lai šķiet

To sell (pārdot)

		Indicative						Imperative
		Present	Past	Future	Complex present	Complex past	Complex future	
1.p.sg.	Es (I)	Pārdodu	Pārdevu	Pārdošu	Esmu pārdevis	Biju pārdevis	Būšu pārdevis	
2.p.sg.	Tu (You)	Pārdod	Pārdevi	Pārdosi	Esi pārdevis	Biji pārdevis	Būsi pārdevis	Pārdod
3.p.sg.	Viņš (He)	Pārdod	Pārdeva	Pārdos	Ir pārdevis	Bija pārdevis	Būs pārdevis	Lai pārdod
1.p.pl.	Mēs (We)	Pārdodam	Pārdevām	Pārdosim	Esam pārdevuši	Bijām pārdevuši	Būsim pārdevuši	Pārdosim
2.p.pl.	Jūs (You)	Pārdodat	Pārdevāt	Pārdosiet	Esat pārdevuši	Bijāt pārdevuši	Būsiet pārdevuši	Pārdodiet
3.p.pl.	Viņi (They)	Pārdod	Pārdeva	Pārdos	Ir pārdevuši	Bija pārdevuši	Būs pārdevuši	Lai pārdod

Conjunctive		Participles	
Present	Pārdodot	Present active 1(Adj.)	Pārdodošs
Past	Esot pārdevis	Present active 2 (Adv.)	Pārdodams
Future	Pārdošot	Present active 3 (Adv.)	Pārdot
Imperative	Lai pārdodot	Present active 4 (Obj.)	Pārdodam
Conditional		Past active	Pārdevis
Present	Pārdotu	Present passive	Pārdodams
Past	Būtu pārdevis	Past passive	Pārdots
Debitive		**Nominal forms**	
Indicative	(Būt) jāpārdod	Infinitive	Pārdot
Conjunctive 1	Esot jāpārdod	Negative infinitive	Nepārdot
Conjunctive 2	Jāpārdodot	Verbal noun	Pārdošana

To send (sūtīt)

		Indicative						Imperative
		Present	Past	Future	Complex present	Complex past	Complex future	
1.p.sg.	Es (I)	Sūtu	Sūtīju	Sūtīšu	Esmu sūtījis	Biju sūtījis	Būšu sūtījis	
2.p.sg.	Tu (You)	Sūti	Sūtīji	Sūtīsi	Esi sūtījis	Biji sūtījis	Būsi sūtījis	Sūti
3.p.sg.	Viņš (He)	Sūta	Sūtīja	Sūtīs	Ir sūtījis	Bija sūtījis	Būs sūtījis	Lai sūta
1.p.pl.	Mēs (We)	Sūtām	Sūtījām	Sūtīsim	Esam sūtījuši	Bijām sūtījuši	Būsim sūtījuši	Sūtīsim
2.p.pl.	Jūs (You)	Sūtāt	Sūtījāt	Sūtīsiet	Esat sūtījuši	Bijāt sūtījuši	Būsiet sūtījuši	Sūtiet
3.p.pl.	Viņi (They)	Sūta	Sūtīja	Sūtīs	Ir sūtījuši	Bija sūtījuši	Būs sūtījuši	Lai sūta

Conjunctive		Participles	
Present	Sūtot	Present active 1(Adj.)	Sūtošs
Past	Esot sūtījis	Present active 2 (Adv.)	Sūtīdams
Future	Sūtīšot	Present active 3 (Adv.)	Sūtot
Imperative	Lai sūtot	Present active 4 (Obj.)	Sūtām
Conditional		Past active	Sūtījis
Present	Sūtītu	Present passive	Sūtāms
Past	Būtu sūtījis	Past passive	Sūtīts
Debitive		**Nominal forms**	
Indicative	(Būt) jāsūta	Infinitive	Sūtīt
Conjunctive 1	Esot jāsūta	Negative infinitive	Nesūtīt
Conjunctive 2	Jāsūtot	Verbal noun	Sūtīšana

To show (rādīt)

		Indicative						Imperative
		Present	Past	Future	Complex present	Complex past	Complex future	
1.p.sg.	Es (I)	Rādu	Rādīju	Rādīšu	Esmu rādījis	Biju rādījis	Būšu rādījis	
2.p.sg.	Tu (You)	Rādi	Rādīji	Rādīsi	Esi rādījis	Biji rādījis	Būsi rādījis	Rādi
3.p.sg.	Viņš (He)	Rāda	Rādīja	Rādīs	Ir rādījis	Bija rādījis	Būs rādījis	Lai rāda
1.p.pl.	Mēs (We)	Rādām	Rādījām	Rādīsim	Esam rādījuši	Bijām rādījuši	Būsim rādījuši	Rādīsim
2.p.pl.	Jūs (You)	Rādāt	Rādījāt	Rādīsiet	Esat rādījuši	Bijāt rādījuši	Būsiet rādījuši	Rādiet
3.p.pl.	Viņi (They)	Rāda	Rādīja	Rādīs	Ir rādījuši	Bija rādījuši	Būs rādījuši	Lai rāda

Conjunctive		Participles	
Present	Rādot	Present active 1(Adj.)	Rādošs
Past	Esot rādījis	Present active 2 (Adv.)	Rādīdams
Future	Rādīšot	Present active 3 (Adv.)	Rādot
Imperative	Lai rādot	Present active 4 (Obj.)	Rādām
Conditional		Past active	Rādījis
Present	Rādītu	Present passive	Rādāms
Past	Būtu rādījis	Past passive	Rādīts
Debitive		**Nominal forms**	
Indicative	(Būt) jārāda	Infinitive	Rādīt
Conjunctive 1	Esot jārāda	Negative infinitive	Nerādīt
Conjunctive 2	Jārādot	Verbal noun	Rādīšana

To sing (dziedāt)

		Indicative						Imperative
		Present	Past	Future	Complex present	Complex past	Complex future	
1.p.sg.	Es (I)	Dziedu	Dziedāju	Dziedāšu	Esmu dziedājis	Biju dziedājis	Būšu dziedājis	
2.p.sg.	Tu (You)	Dziedi	Dziedāji	Dziedāsi	Esi dziedājis	Biji dziedājis	Būsi dziedājis	Dziedi
3.p.sg.	Viņš (He)	Dzied	Dziedāja	Dziedās	Ir dziedājis	Bija dziedājis	Būs dziedājis	Lai dzied
1.p.pl.	Mēs (We)	Dziedam	Dziedājām	Dziedāsim	Esam dziedājuši	Bijām dziedājuši	Būsim dziedājuši	Dziedāsim
2.p.pl.	Jūs (You)	Dziedat	Dziedājāt	Dziedāsiet	Esat dziedājuši	Bijāt dziedājuši	Būsiet dziedājuši	Dziediet
3.p.pl.	Viņi (They)	Dzied	Dziedāja	Dziedās	Ir dziedājuši	Bija dziedājuši	Būs dziedājuši	Lai dzied

Conjunctive		Participles	
Present	Dziedot	Present active 1(Adj.)	Dziedošs
Past	Esot dziedājis	Present active 2 (Adv.)	Dziedādams
Future	Dziedāšot	Present active 3 (Adv.)	Dziedot
Imperative	Lai dziedot	Present active 4 (Obj.)	Dziedam
Conditional		Past active	Dziedājis
Present	Dziedātu	Present passive	Dziedams
Past	Būtu dziedājis	Past passive	Dziedāts
Debitive		Nominal forms	
Indicative	(Būt) jādzied	Infinitive	Dziedāt
Conjunctive 1	Esot jādzied	Negative infinitive	Nedziedāt
Conjunctive 2	Jādziedot	Verbal noun	Dziedāšana

To sit down (aps**ē**sties)

		Indicative						Imperative
		Present	Past	Future	Complex present	Complex past	Complex future	
1.p.s g.	Es (I)	Apsēžos	Apsēdos	Apsēdīšos	Esmu apsēdies	Biju apsēdies	Būšu apsēdies	
2.p.s g.	Tu (You)	Apsēdies	Apsēdies	Apsēdīsies	Esi apsēdies	Biji apsēdies	Būsi apsēdies	Apsēdies
3.p.s g.	Viņš (He)	Apsēžas	Apsēdās	Apsēdīsies	Ir apsēdies	Bija apsēdies	Būs apsēdies	Lai apsēžas
1.p.p l.	Mēs (We)	Apsēžamies	Apsēdāmies	Apsēdīsimies	Esam apsēdušies	Bijām apsēdušies	Būsim apsēdušies	Apsēdīsimies
2.p.p l.	Jūs (You)	Apsēžaties	Apsēdāties	Apsēdīsieties	Esat apsēdušies	Bijāt apsēdušies	Būsiet apsēdušies	Apsēdieties
3.p.p l.	Viņi (They)	Apsēžas	Apsēdās	Apsēdīsies	Ir apsēdušies	Bija apsēdušies	Būs apsēdušies	Lai apsēžas

Conjunctive		Participles	
Present	Apsēžoties	Present active 1(Adj.)	Apsēdošs
Past	Esot apsēdies	Present active 2 (Adv.)	Apsēzdamies
Future	Apsēdīšoties	Present active 3 (Adv.)	Apsēžoties
Imperative	Lai apsēžoties	Present active 4 (Obj.)	Apsēžamies
Conditional		Past active	Apsēdies
Present	Apsēstos	Present passive	-
Past	Būtu apsēdies	Past passive	Apsēdies
Debitive		**Nominal forms**	
Indicative	(Būt) jāapsēžas	Infinitive	Apsēsties
Conjunctive 1	Esot jāapsēžas	Negative infinitive	Neapsēsties
Conjunctive 2	Jāapsēžas	Verbal noun	Apsēšanās

To sleep (gulēt)

		Indicative						Imperative
		Present	Past	Future	Complex present	Complex past	Complex future	
1.p.sg.	Es (I)	Guļu	Gulēju	Gulēšu	Esmu gulējis	Biju gulējis	Būšu gulējis	
2.p.sg.	Tu (You)	Guli	Gulēji	Gulēsi	Esi gulējis	Biji gulējis	Būsi gulējis	Guli
3.p.sg.	Viņš (He)	Guļ	Gulēja	Gulēs	Ir gulējis	Bija gulējis	Būs gulējis	Lai guļ
1.p.pl.	Mēs (We)	Guļam	Gulējām	Gulēsim	Esam gulējuši	Bijām gulējuši	Būsim gulējuši	Gulēsim
2.p.pl.	Jūs (You)	Guļat	Gulējāt	Gulēsiet	Esat gulējuši	Bijāt gulējuši	Būsiet gulējuši	Guliet
3.p.pl.	Viņi (They)	Guļ	Gulēja	Gulēs	Ir gulējuši	Bija gulējuši	Būs gulējuši	Lai guļ

Conjunctive		Participles	
Present	Guļot	Present active 1(Adj.)	Gulošs
Past	Esot gulējis	Present active 2 (Adv.)	Gulēdams
Future	Gulēšot	Present active 3 (Adv.)	Guļot
Imperative	Lai guļot	Present active 4 (Obj.)	Guļam
Conditional		Past active	Gulējis
Present	Gulētu	Present passive	Guļams
Past	Būtu gulējis	Past passive	Gulēts
Debitive		Nominal forms	
Indicative	(Būt) jāguļ	Infinitive	Gulēt
Conjunctive 1	Esot jāguļ	Negative infinitive	Negulēt
Conjunctive 2	Jāguļot	Verbal noun	Gulēšana

To smile (smaidīt)

		Indicative						Imperative
		Present	Past	Future	Complex present	Complex past	Complex future	
1.p.sg.	Es (I)	Smaidu	Smaidīju	Smaidīšu	Esmu smaidījis	Biju smaidījis	Būšu smaidījis	
2.p.sg.	Tu (You)	Smaidi	Smaidīji	Smaidīsi	Esi smaidījis	Biji smaidījis	Būsi smaidījis	Smaidi
3.p.sg.	Viņš (He)	Smaida	Smaidīja	Smaidīs	Ir smaidījis	Bija smaidījis	Būs smaidījis	Lai smaida
1.p.pl.	Mēs (We)	Smaidām	Smaidījām	Smaidīsim	Esam smaidījuši	Bijām smaidījuši	Būsim smaidījuši	Smaidīsim
2.p.pl.	Jūs (You)	Smaidāt	Smaidījāt	Smaidīsiet	Esat smaidījuši	Bijāt smaidījuši	Būsiet smaidījuši	Smaidiet
3.p.pl.	Viņi (They)	Smaida	Smaidīja	Smaidīs	Ir smaidījuši	Bija smaidījuši	Būs smaidījuši	Lai smaida

Conjunctive		Participles	
Present	Smaidot	Present active 1(Adj.)	Smaidošs
Past	Esot smaidījis	Present active 2 (Adv.)	Smaidīdams
Future	Smaidīšot	Present active 3 (Adv.)	Smaidot
Imperative	Lai smaidot	Present active 4 (Obj.)	Smaidām
Conditional		Past active	Smaidījis
Present	Smaidītu	Present passive	Smaidāms
Past	Būtu smaidījis	Past passive	Smaidīts
Debitive		**Nominal forms**	
Indicative	(Būt) jāsmaida	Infinitive	Smaidīt
Conjunctive 1	Esot jāsmaida	Negative infinitive	Nesmaidīt
Conjunctive 2	Jāsmaidot	Verbal noun	Smaidīšana

To speak (runāt)

		Indicative						Imperative
		Present	Past	Future	Complex present	Complex past	Complex future	
1.p.sg.	Es (I)	Runāju	Runāju	Runāšu	Esmu runājis	Biju runājis	Būšu runājis	
2.p.sg.	Tu (You)	Runā	Runāji	Runāsi	Esi runājis	Biji runājis	Būsi runājis	Runā
3.p.sg.	Viņš (He)	Runā	Runāja	Runās	Ir runājis	Bija runājis	Būs runājis	Lai runā
1.p.pl.	Mēs (We)	Runājam	Runājām	Runāsim	Esam runājuši	Bijām runājuši	Būsim runājuši	Runāsim
2.p.pl.	Jūs (You)	Runājat	Runājāt	Runāsiet	Esat runājuši	Bijāt runājuši	Būsiet runājuši	Runājiet
3.p.pl.	Viņi (They)	Runā	Runāja	Runās	Ir runājuši	Bija runājuši	Būs runājuši	Lai runā

Conjunctive		Participles	
Present	Runājot	Present active 1(Adj.)	Runājošs
Past	Esot runājis	Present active 2 (Adv.)	Runādams
Future	Runāšot	Present active 3 (Adv.)	Runājot
Imperative	Lai runājot	Present active 4 (Obj.)	Runājam
Conditional		Past active	Runājis
Present	Runātu	Present passive	Runājams
Past	Būtu runājis	Past passive	Runāts
Debitive		**Nominal forms**	
Indicative	(Būt) jārunā	Infinitive	Runāt
Conjunctive 1	Esot jārunā	Negative infinitive	Nerunāt
Conjunctive 2	Jārunājot	Verbal noun	Runāšana

To stand (stāvēt)

		Indicative						Imperative
		Present	Past	Future	Complex present	Complex past	Complex future	
1.p.s g.	Es (I)	Stāvu	Stāvēju	Stāvēšu	Esmu stāvējis	Biju stāvējis	Būšu stāvējis	
2.p.s g.	Tu (You)	Stāvi	Stāvēji	Stāvēsi	Esi stāvējis	Biji stāvējis	Būsi stāvējis	Stāvi
3.p.s g.	Viņš (He)	Stāv	Stāvēja	Stāvēs	Ir stāvējis	Bija stāvējis	Būs stāvējis	Lai stāv
1.p.pl.	Mēs (We)	Stāvam	Stāvējām	Stāvēsim	Esam stavējuši	Bijām stavējuši	Būsim stavējuši	Stāvēsim
2.p.pl.	Jūs (You)	Stāvat	Stāvējāt	Stāvēsiet	Esat stavējuši	Bijāt stavējuši	Būsiet stavējuši	Stāviet
3.p.pl.	Viņi (They)	Stāv	Stāvēja	Stāvēs	Ir stavējuši	Bija stavējuši	Būs stavējuši	Lai stāv

Conjunctive		Participles	
Present	Stāvot	Present active 1(Adj.)	Stāvošs
Past	Esot stāvējis	Present active 2 (Adv.)	Stāvēdams
Future	Stāvēšot	Present active 3 (Adv.)	Stāvot
Imperative	Lai stāvot	Present active 4 (Obj.)	Stāvam
Conditional		Past active	Stāvējis
Present	Stāvētu	Present passive	Stāvams
Past	Būtu stāvējis	Past passive	Stāvēts
Debitive		**Nominal forms**	
Indicative	(Būt) jāstāv	Infinitive	Stāvēt
Conjunctive 1	Esot jāstāv	Negative infinitive	Nestāvēt
Conjunctive 2	Jāstāvot	Verbal noun	Stāvēšana

To start (sākt)

		Indicative						Imperative
		Present	Past	Future	Complex present	Complex past	Complex future	
1.p.sg.	Es (I)	Sāku	Sāku	Sākšu	Esmu sācis	Biju sācis	Būšu sācis	
2.p.sg.	Tu (You)	Sāc	Sāki	Sāksi	Esi sācis	Biji sācis	Būsi sācis	Sāc
3.p.sg.	Viņš (He)	Sāk	Sāka	Sāks	Ir sācis	Bija sācis	Būs sācis	Lai sāk
1.p.pl.	Mēs (We)	Sākam	Sākām	Sāksim	Esam sākuši	Bijām sākuši	Būsim sākuši	Sāksim
2.p.pl.	Jūs (You)	Sākat	Sākāt	Sāksiet	Esat sākuši	Bijāt sākuši	Būsiet sākuši	Sāciet
3.p.pl.	Viņi (They)	Sāk	Sāka	Sāks	Ir sākuši	Bija sākuši	Būs sākuši	Lai sāk

Conjunctive		Participles	
Present	Sākot	Present active 1(Adj.)	Sākošs
Past	Esot sācis	Present active 2 (Adv.)	Sākdams
Future	Sākšot	Present active 3 (Adv.)	Sākot
Imperative	Lai säkot	Present active 4 (Obj.)	Sākam
Conditional		Past active	Sācis
Present	Sāktu	Present passive	Sākams
Past	Būtu sācis	Past passive	Sākts
Debitive		Nominal forms	
Indicative	(Būt) jāsāk	Infinitive	Sākt
Conjunctive 1	Esot jāsāk	Negative infinitive	Nesākt
Conjunctive 2	Jāsākot	Verbal noun	Sākšana

To stay (palikt)

		Indicative						Imperative
		Present	Past	Future	Complex present	Complex past	Complex future	
1.p.sg.	Es (I)	Palieku	Paliku	Palikšu	Esmu palicis	Biju palicis	Būšu palicis	
2.p.sg.	Tu (You)	Paliec	Paliki	Paliksi	Esi palicis	Biji palicis	Būsi palicis	Paliec
3.p.sg.	Viņš (He)	Paliek	Palika	Paliks	Ir palicis	Bija palicis	Būs palicis	Lai paliek
1.p.pl.	Mēs (We)	Paliekam	Palikām	Paliksim	Esam palikuši	Bijām palikuši	Būsim palikuši	Paliksim
2.p.pl.	Jūs (You)	Paliekat	Palikāt	Paliksiet	Esat palikuši	Bijāt palikuši	Būsiet palikuši	Palieciet
3.p.pl.	Viņi (They)	Paliek	Palika	Paliks	Ir palikuši	Bija palikuši	Būs palikuši	Lai paliek

Conjunctive		Participles	
Present	Palikšot	Present active 1(Adj.)	Paliekošs
Past	Esot palicis	Present active 2 (Adv.)	Palikdams
Future	Palikšot	Present active 3 (Adv.)	Paliekot
Imperative	Lai paliekot	Present active 4 (Obj.)	Paliekam
Conditional		Past active	Palicis
Present	Paliktu	Present passive	Paliekams
Past	Būtu palicis	Past passive	Palicis
Debitive		Nominal forms	
Indicative	(Būt) jāpaliek	Infinitive	Palikt
Conjunctive 1	Esot jāpaliek	Negative infinitive	Nepalikt
Conjunctive 2	Jāpaliekot	Verbal noun	Palikšana

To take (ņemt)

		Indicative						Imperative
		Present	Past	Future	Complex present	Complex past	Complex future	
1.p.sg.	Es (I)	Ņemu	Ņēmu	Ņemšu	Esmu ņēmis	Biju ņēmis	Būšu ņēmis	
2.p.sg.	Tu (You)	Ņem	Ņēmi	Ņemsi	Esi ņēmis	Biji ņēmis	Būsi ņēmis	Ņem
3.p.sg.	Viņš (He)	Ņem	Ņēma	Ņems	Ir ņēmis	Bija ņēmis	Būs ņēmis	Lai ņem
1.p.pl.	Mēs (We)	Ņemam	Ņēmām	Ņemsim	Esam ņēmuši	Bijām ņēmuši	Būsim ņēmuši	Ņemsim
2.p.pl.	Jūs (You)	Ņemat	Ņēmāt	Ņemsiet	Esat ņēmuši	Bijāt ņēmuši	Būsiet ņēmuši	Ņemiet
3.p.pl.	Viņi (They)	Ņem	Ņēma	Ņems	Ir ņēmuši	Bija ņēmuši	Būs ņēmuši	Lai ņem

Conjunctive		Participles	
Present	Ņemot	Present active 1(Adj.)	Ņemošs
Past	Esot ņēmis	Present active 2 (Adv.)	Ņemdams
Future	Ņemšot	Present active 3 (Adv.)	Ņemot
Imperative	Lai ņemot	Present active 4 (Obj.)	Ņemam
Conditional		Past active	Ņēmis
Present	Ņemtu	Present passive	Ņemams
Past	Būtu ņēmis	Past passive	Ņemts
Debitive		Nominal forms	
Indicative	(Būt) jāņem	Infinitive	Ņemt
Conjunctive 1	Esot jāņem	Negative infinitive	Neņemt
Conjunctive 2	Jāņemot	Verbal noun	Ņemšana

To talk (sacīt)

		Indicative						Imperative
		Present	Past	Future	Complex present	Complex past	Complex future	
1.p.sg.	Es (I)	Saku	Sacīju	Sacīšu	Esmu sacījis	Biju sacījis	Būšu sacījis	
2.p.sg.	Tu (You)	Saki	Sacīji	Sacīsi	Esi sacījis	Biji sacījis	Būsi sacījis	Saki
3.p.sg.	Viņš (He)	Saka	Sacīja	Sacīs	Ir sacījis	Bija sacījis	Būs sacījis	Lai saka
1.p.pl.	Mēs (We)	Sakām	Sacījām	Sacīsim	Esam sacījuši	Bijām sacījuši	Būsim sacījuši	Sacīsim
2.p.pl.	Jūs (You)	Sakāt	Sacījāt	Sacīsiet	Esat sacījuši	Bijāt sacījuši	Būsiet sacījuši	Sakiet
3.p.pl.	Viņi (They)	Saka	Sacīja	Sacīs	Ir sacījuši	Bija sacījuši	Būs sacījuši	Lai saka

Conjunctive		Participles	
Present	Sakot	Present active 1(Adj.)	Sakošs
Past	Esot sacījis	Present active 2 (Adv.)	Sacīdams
Future	Sacīšot	Present active 3 (Adv.)	Sakot
Imperative	Lai sakot	Present active 4 (Obj.)	Sakām
Conditional		Past active	Sacījis
Present	Sacītu	Present passive	Sakāms
Past	Būtu sacījis	Past passive	Sacīts
Debitive		**Nominal forms**	
Indicative	(Būt) jāsaka	Infinitive	Sacīt
Conjunctive 1	Esot jāsaka	Negative infinitive	Nesacīt
Conjunctive 2	Jāsakot	Verbal noun	Sacīšana

To teach (mācīt)

		Indicative						Imperative
		Present	Past	Future	Complex present	Complex past	Complex future	
1.p.sg.	Es (I)	Mācu	Mācīju	Mācīšu	Esmu mācījis	Biju mācījis	Būšu mācījis	
2.p.sg.	Tu (You)	Māci	Mācīji	Mācīsi	Esi mācījis	Biji mācījis	Būsi mācījis	Māci
3.p.sg.	Viņš (He)	Māca	Mācīja	Mācīs	Ir mācījis	Bija mācījis	Būs mācījis	Lai māca
1.p.pl.	Mēs (We)	Mācām	Mācījām	Mācīsim	Esam mācījuši	Bijām mācījuši	Būsim mācījuši	Mācīsim
2.p.pl.	Jūs (You)	Mācāt	Mācījāt	Mācīsiet	Esat mācījuši	Bijāt mācījuši	Būsiet mācījuši	Māciet
3.p.pl.	Viņi (They)	Māca	Mācīja	Mācīs	Ir mācījuši	Bija mācījuši	Būs mācījuši	Lai māca

Conjunctive		Participles	
Present	Mācot	Present active 1(Adj.)	Mācošs
Past	Esot mācījis	Present active 2 (Adv.)	Mācīdams
Future	Mācīšot	Present active 3 (Adv.)	Mācot
Imperative	Lai mācot	Present active 4 (Obj.)	Mācām
Conditional		Past active	Mācījis
Present	Mācītu	Present passive	Mācāms
Past	Būtu mācījis	Past passive	Mācīts
Debitive		Nominal forms	
Indicative	(Būt) jāmāca	Infinitive	Mācīt
Conjunctive 1	Esot jāmāca	Negative infinitive	Nemācīt
Conjunctive 2	Jāmācot	Verbal noun	Mācīšana

To think (domāt)

		Indicative						Imperative
		Present	Past	Future	Complex present	Complex past	Complex future	
1.p.sg.	Es (I)	Domāju	Domāju	Domāšu	Esmu domājis	Biju domājis	Būšu domājis	
2.p.sg.	Tu (You)	Domā	Domāji	Domāsi	Esi domājis	Biji domājis	Būsi domājis	Domā
3.p.sg.	Viņš (He)	Domā	Domāja	Domās	Ir domājis	Bija domājis	Būs domājis	Lai domā
1.p.pl.	Mēs (We)	Domājam	Domājām	Domāsim	Esam domājuši	Bijām domājuši	Būsim domājuši	Domāsim
2.p.pl.	Jūs (You)	Domājat	Domājāt	Domāsiet	Esat domājuši	Bijāt domājuši	Būsiet domājuši	Domājiet
3.p.pl.	Viņi (They)	Domā	Domāja	Domās	Ir domājuši	Bija domājuši	Būs domājuši	Lai domā

Conjunctive		Participles	
Present	Domājot	Present active 1(Adj.)	Domājošs
Past	Esot domājis	Present active 2 (Adv.)	Domādams
Future	Domāšot	Present active 3 (Adv.)	Domājot
Imperative	Lai domājot	Present active 4 (Obj.)	Domājam
Conditional		Past active	Domājis
Present	Domātu	Present passive	Domājams
Past	Būtu domājis	Past passive	Domāts
Debitive		Nominal forms	
Indicative	(Būt) jādomā	Infinitive	Domāt
Conjunctive 1	Esot jādomā	Negative infinitive	Nedomāt
Conjunctive 2	Jādomājot	Verbal noun	Domāšana

To touch (pieskarties)

		Indicative						Imperative
		Present	**Past**	**Future**	**Complex present**	**Complex past**	**Complex future**	
1.p.sg.	Es (I)	Pieskaros	Pieskāros	Pieskaršos	Esmu pieskāries	Biju pieskāries	Būšu pieskāries	
2.p.sg.	Tu (You)	Pieskaries	Pieskāries	Pieskarsies	Esi pieskāries	Biji pieskāries	Būsi pieskāries	Pieskaries
3.p.sg.	Viņš (He)	Pieskaras	Pieskārās	Pieskarsies	Ir pieskāries	Bija pieskāries	Būs pieskāries	Lai pieskaras
1.p.pl.	Mēs (We)	Pieskaramies	Pieskarāmies	Pieskarsimie	Esam pieskārušies	Bijām pieskārušies	Būsim pieskārušies	Pieskarsimies
2.p.pl.	Jūs (You)	Pieskaraties	Pieskarāties	Pieskarsieties	Esat pieskārušies	Bijāt pieskārušies	Būsiet pieskārušies	Pieskarieties
3.p.pl.	Viņi (They)	Pieskaras	Pieskārās	Pieskarsies	Ir pieskārušies	Bija pieskārušies	Būs pieskārušies	Lai pieskaras

Conjunctive		**Participles**	
Present	Pieskaroties	Present active 1(Adj.)	Pieskarošs
Past	Esot pieskāries	Present active 2 (Adv.)	Pieskardamies
Future	Pieskaršoties	Present active 3 (Adv.)	Pieskarot
Imperative	Lai pieskaroties	Present active 4 (Obj.)	Pieskaram
Conditional		Past active	Pieskāries
Present	Pieskartos	Present passive	Pieskarams
Past	Būtu pieskāries	Past passive	Pieskarts
Debitive		**Nominal forms**	
Indicative	(Būt) jāpieskaras	Infinitive	Pieskarties
Conjunctive 1	Esot jāpieskaras	Negative infinitive	Nepieskarties
Conjunctive 2	Jāpieskaroties	Verbal noun	Pieskaršanās

To travel (ceļot)

		Indicative						Imperative
		Present	Past	Future	Complex present	Complex past	Complex future	
1.p.sg.	Es (I)	Ceļoju	Ceļoju	Ceļošu	Esmu ceļojis	Biju ceļojis	Būšu ceļojis	
2.p.sg.	Tu (You)	Ceļo	Ceļoji	Ceļosi	Esi ceļojis	Biji ceļojis	Būsi ceļojis	Ceļo
3.p.sg.	Viņš (He)	Ceļo	Ceļoja	Ceļos	Ir ceļojis	Bija ceļojis	Būs ceļojis	Lai ceļo
1.p.pl.	Mēs (We)	Ceļojam	Ceļojām	Ceļosim	Esam ceļojuši	Bijām ceļojuši	Būsim ceļojuši	Ceļosim
2.p.pl.	Jūs (You)	Ceļojat	Ceļojāt	Ceļosiet	Esat ceļojuši	Bijāt ceļojuši	Būsiet ceļojuši	Ceļojiet
3.p.pl.	Viņi (They)	Ceļo	Ceļoja	Ceļos	Ir ceļojuši	Bija ceļojuši	Būs ceļojuši	Lai ceļo

Conjunctive		Participles	
Present	Ceļojot	Present active 1(Adj.)	Ceļojošs
Past	Esot ceļojis	Present active 2 (Adv.)	Ceļodams
Future	Ceļošot	Present active 3 (Adv.)	Ceļot
Imperative	Lai ceļojot	Present active 4 (Obj.)	Ceļojam
Conditional		Past active	Ceļojis
Present	Ceļotu	Present passive	Ceļojams
Past	Būtu ceļojis	Past passive	Ceļots
Debitive		**Nominal forms**	
Indicative	(Būt) jāceļo	Infinitive	Ceļot
Conjunctive 1	Esot jāceļo	Negative infinitive	Neceļot
Conjunctive 2	Jāceļojot	Verbal noun	Ceļošana

To understand (sapr**ast**)

		Indicative						Imperative
		Present	**Past**	**Future**	**Complex present**	**Complex past**	**Complex future**	
1.p.sg.	Es (I)	Saprotu	Sapratu	Sapratīšu	Esmu sapratis	Biju sapratis	Būšu sapratis	
2.p.sg.	Tu (You)	Saproti	Saprati	Sapratīsi	Esi sapratis	Biji sapratis	Būsi sapratis	Saproti
3.p.sg.	Viņš (He)	Saprot	Saprata	Sapratīs	Ir sapratis	Bija sapratis	Būs sapratis	Lai saprot
1.p.pl.	Mēs (We)	Saprotam	Sapratām	Sapratīsim	Esam sapratuši	Bijām sapratuši	Būsim sapratuši	Sapratīsim
2.p.pl.	Jūs (You)	Saprotat	Sapratāt	Sapratīsiet	Esat sapratuši	Bijāt sapratuši	Būsiet sapratuši	Saprotiet
3.p.pl.	Viņi (They)	Saprot	Saprata	Sapratīs	Ir sapratuši	Bija sapratuši	Būs sapratuši	Lai saprot

Conjunctive		Participles	
Present	Saprotot	Present active 1(Adj.)	Saprotošs
Past	Esot sapratis	Present active 2 (Adv.)	Saprazdams
Future	Sapratīšot	Present active 3 (Adv.)	Saprot
Imperative	Lai saprotot	Present active 4 (Obj.)	Saprotam
Conditional		Past active	Sapratis
Present	Saprastu	Present passive	Saprotams
Past	Būtu sapratis	Past passive	Saprasts
Debitive		**Nominal forms**	
Indicative	(Būt) jāsaprot	Infinitive	Saprast
Conjunctive 1	Esot jāsaprot	Negative infinitive	Nesaprast
Conjunctive 2	Jāsaprotot	Verbal noun	Saprašana

To use (izmantot)

		Indicative						Imperative
		Present	**Past**	**Future**	**Complex present**	**Complex past**	**Complex future**	
1.p.sg.	Es (I)	Izmantoju	Izmantoju	Izmantošu	Esmu izmantojis	Biju izmantojis	Būšu izmantojis	
2.p.sg.	Tu (You)	Izmanto	Izmantoji	Izmantosi	Esi izmantojis	Biji izmantojis	Būsi izmantojis	Izmanto
3.p.sg.	Viņš (He)	Izmanto	Izmantoja	Izmantos	Ir izmantojis	Bija izmantojis	Būs izmantojis	Lai izmanto
1.p.pl.	Mēs (We)	Izmantojam	Izmantojām	Izmantosim	Esam izmantojuši	Bijām izmantojuši	Būsim izmantojuši	Izmantosim
2.p.pl.	Jūs (You)	Izmantojat	Izmantojāt	Izmantosiet	Esat izmantojuši	Bijāt izmantojuši	Būsiet izmantojuši	Izmantojie
3.p.pl.	Viņi (They)	Izmanto	Izmantoja	Izmantos	Ir izmantojuši	Bija izmantojuši	Būs izmantojuši	Lai izmanto

Conjunctive		Participles	
Present	Izmantojot	Present active 1(Adj.)	Izmantojošs
Past	Esot izmantojis	Present active 2 (Adv.)	Izmantodams
Future	Izmantošot	Present active 3 (Adv.)	Izmantot
Imperative	Lai izmantojot	Present active 4 (Obj.)	Izmantojam
Conditional		Past active	Izmantojis
Present	Izmantotu	Present passive	Izmantojams
Past	Būtu izmantojis	Past passive	Izmantots
Debitive		**Nominal forms**	
Indicative	(Būt) jāizmanto	Infinitive	Izmantot
Conjunctive 1	Esot jāizmanto	Negative infinitive	Neizmantot
Conjunctive 2	Jāizmantojot	Verbal noun	Izmantošana

To wait (gaidīt)

		Indicative						Imperative
		Present	Past	Future	Complex present	Complex past	Complex future	
1.p.sg.	Es (I)	Gaidu	Gaidīju	Gaidīšu	Esmu gaidījis	Biju gaidījis	Būšu gaidījis	
2.p.sg.	Tu (You)	Gaidi	Gaidīji	Gaidīsi	Esi gaidījis	Biji gaidījis	Būsi gaidījis	Gaidi
3.p.sg.	Viņš (He)	Gaida	Gaidīja	Gaidīs	Ir gaidījis	Bija gaidījis	Būs gaidījis	Lai gaida
1.p.ppl.	Mēs (We)	Gaidām	Gaidījām	Gaidīsim	Esam gaidījuši	Bijām gaidījuši	Būsim gaidījuši	Gaidīsim
2.p.ppl.	Jūs (You)	Gaidāt	Gaidījāt	Gaidīsiet	Esat gaidījuši	Bijāt gaidījuši	Būsiet gaidījuši	Gaidiet
3.p.ppl.	Viņi (They)	Gaida	Gaidīja	Gaidīs	Ir gaidījuši	Bija gaidījuši	Būs gaidījuši	Lai gaida

Conjunctive		Participles	
Present	Gaidot	Present active 1(Adj.)	Gaidošs
Past	Esot gaidījis	Present active 2 (Adv.)	Gaidīdams
Future	Gaidīšot	Present active 3 (Adv.)	Gaidot
Imperative	Lai gaidot	Present active 4 (Obj.)	Gaidām
Conditional		Past active	Gaidījis
Present	Gaidītu	Present passive	Gaidāms
Past	Būtu gaidījis	Past passive	Gaidīts
Debitive		Nominal forms	
Indicative	(Būt) jāgaida	Infinitive	Gaidīt
Conjunctive 1	Esot jāgaida	Negative infinitive	Negaidīt
Conjunctive 2	Jāgaidot	Verbal noun	Gaidīšana

To walk (staigāt)

		Indicative						Imperative
		Present	Past	Future	Complex present	Complex past	Complex future	
1.p.s g.	Es (I)	Staigāju	Staigāju	Staigāšu	Esmu staigājis	Biju staigājis	Būšu staigājis	
2.p.s g.	Tu (You)	Staigā	Staigāji	Staigāsi	Esi staigājis	Biji staigājis	Būsi staigājis	Staigā
3.p.s g.	Viņš (He)	Staigā	Staigāja	Staigās	Ir staigājis	Bija staigājis	Būs staigājis	Lai staigā
1.p.pl.	Mēs (We)	Staigājam	Staigājām	Staigāsim	Esam staigājuši	Bijām staigājuši	Būsim staigājuši	Staigāsim
2.p.pl.	Jūs (You)	Staigājat	Staigājāt	Staigāsiet	Esat staigājuši	Bijāt staigājuši	Būsiet staigājuši	Staigājiet
3.p.pl.	Viņi (They)	Staigā	Staigāja	Staigās	Ir staigājuši	Bija staigājuši	Būs staigājuši	Lai staigā

Conjunctive		Participles	
Present	Staigājot	Present active 1(Adj.)	Staigājošs
Past	Esot staigājis	Present active 2 (Adv.)	Staigādams
Future	Staigāšot	Present active 3 (Adv.)	Staigājot
Imperative	Lai staigājot	Present active 4 (Obj.)	Staigājam
Conditional		Past active	Staigājis
Present	Staigātu	Present passive	Staigājams
Past	Būtu staigājis	Past passive	Staigāts
Debitive		**Nominal forms**	
Indicative	(Būt) jāstaigā	Infinitive	Staigāt
Conjunctive 1	Esot jāstaigā	Negative infinitive	Nestaigāt
Conjunctive 2	Jāstaigājot	Verbal noun	Staigāšana

To want (gribēt)

		Indicative						Imperative
		Present	**Past**	**Future**	**Complex present**	**Complex past**	**Complex future**	
1.p.sg.	Es (I)	Gribu	Gribēju	Gribēšu	Esmu gribējis	Biju gribējis	Būšu gribējis	
2.p.sg.	Tu (You)	Gribi	Gribēji	Gribēsi	Esi gribējis	Biji gribējis	Būsi gribējis	Gribi
3.p.sg.	Viņš (He)	Grib	Gribēja	Gribēs	Ir gribējis	Bija gribējis	Būs gribējis	Lai grib
1.p.pl.	Mēs (We)	Gribam	Gribējām	Gribēsim	Esam gribējuši	Bijām gribējuši	Būsim gribējuši	Gribēsim
2.p.pl.	Jūs (You)	Gribat	Gribējāt	Gribēsiet	Esat gribējuši	Bijāt gribējuši	Būsiet gribējuši	Gribiet
3.p.pl.	Viņi (They)	Grib	Gribēja	Gribēs	Ir gribējuši	Bija gribējuši	Būs gribējuši	Lai grib

Conjunctive		Participles	
Present	Gribot	Present active 1(Adj.)	Griboŝs
Past	Esot gribējis	Present active 2 (Adv.)	Gribēdams
Future	Gribēšot	Present active 3 (Adv.)	Gribot
Imperative	Lai gribot	Present active 4 (Obj.)	Gribam
Conditional		Past active	Gribējis
Present	Gribētu	Present passive	gribams
Past	Būtu gribējis	Past passive	Gribēts
Debitive		**Nominal forms**	
Indicative	(Būt) jāgrib	Infinitive	Gribēt
Conjunctive 1	Esot jāgrib	Negative infinitive	Negribēt
Conjunctive 2	Jāgribot	Verbal noun	Gribēšana

To watch (skatīties)

		Indicative						Imperative
		Present	Past	Future	Complex present	Complex past	Complex future	
1.p.sg.	Es (I)	Skatos	Skatījos	Skatīšos	Esmu skatījies	Biju skatījies	Būšu skatījies	
2.p.sg.	Tu (You)	Skaties	Skatījies	Skatīsies	Esi skatījies	Biji skatījies	Būsi skatījies	Skaties
3.p.sg.	Viņš (He)	Skatās	Skatījās	Skatīsies	Ir skatījies	Bija skatījies	Būs skatījies	Lai skatās
1.p.pl.	Mēs (We)	Skatāmies	Skatījāmies	Skatīsimies	Esam skatījušies	Bijām skatījušies	Būsim skatījušies	Skatīsimies
2.p.pl.	Jūs (You)	Skatāties	Skatījāties	Skatīsieties	Esat skatījušies	Bijāt skatījušies	Būsiet skatījušies	Skatieties
3.p.pl.	Viņi (They)	Skatās	Skatījās	Skatīsies	Ir skatījušies	Bija skatījušies	Būs skatījušies	Lai skatās

Conjunctive		Participles	
Present	Skatoties	Present active 1(Adj.)	Skatošs
Past	Esot skatījies	Present active 2 (Adv.)	Skatīdamies
Future	Skatīšoties	Present active 3 (Adv.)	Skatoties
Imperative	Lai skatoties	Present active 4 (Obj.)	Skatāmies
Conditional		Past active	Skatījies
Present	Skatītos	Present passive	Skatījams
Past	Būtu skatījies	Past passive	Skatīts
Debitive		Nominal forms	
Indicative	(Būt) jāskatās	Infinitive	Skatīties
Conjunctive 1	Esot jāskatās	Negative infinitive	Neskatīties
Conjunctive 2	Jāskatoties	Verbal noun	Skatīšanās

To win (uzvarēt)

		Indicative						Imperative
		Present	Past	Future	Complex present	Complex past	Complex future	
1.p.sg.	Es (I)	Uzvaru	Uzvarēju	Uzvarēšu	Esmu uzvarējis	Biju uzvarējis	Būšu uzvarējis	
2.p.sg.	Tu (You)	Uzvari	Uzvarēji	Uzvarēsi	Esi uzvarējis	Biji uzvarējis	Būsi uzvarējis	Uzvari
3.p.sg.	Viņš (He)	Uzvar	Uzvarēja	Uzvarēs	Ir uzvarējis	Bija uzvarējis	Būs uzvarējis	Lai uzvar
1.p.pl.	Mēs (We)	Uzvaram	Uzvarējām	Uzvarēsim	Esam uzvarējuši	Bijām uzvarējuši	Būsim uzvarējuši	Uzvarēsim
2.p.pl.	Jūs (You)	Uzvarat	Uzvarējāt	Uzvarēsiet	Esat uzvarējuši	Bijāt uzvarējuši	Būsiet uzvarējuši	Uzvariet
3.p.pl.	Viņi (They)	Uzvar	Uzvarēja	Uzvarēs	Ir uzvarējuši	Bija uzvarējuši	Būs uzvarējuši	Lai uzvar

Conjunctive		Participles	
Present	Uzvarot	Present active 1(Adj.)	Uzvarošs
Past	Esot uzvarējis	Present active 2 (Adv.)	Uzvarēdams
Future	Uzvarēšot	Present active 3 (Adv.)	Uzvarot
Imperative	Lai uzvarot	Present active 4 (Obj.)	Uzvaram
Conditional		Past active	Uzvarējis
Present	Uzvarētu	Present passive	Uzvarams
Past	Būtu uzvarējis	Past passive	Uzvarēts
Debitive		**Nominal forms**	
Indicative	(Būt) jāuzvar	Infinitive	Uzvarēt
Conjunctive 1	Esot jāuzvar	Negative infinitive	Neuzvarēt
Conjunctive 2	Jāuzvarot	Verbal noun	Uzvarēšana

To work (strādāt)

		Indicative						Imperative
		Present	Past	Future	Complex present	Complex past	Complex future	
1.p.sg.	Es (I)	Strādāju	Strādāju	Strādāšu	Esmu strādājis	Biju strādājis	Būšu strādājis	
2.p.sg.	Tu (You)	Strādā	Strādāji	Strādāsi	Esi strādājis	Biji strādājis	Būsi strādājis	Strādā
3.p.sg.	Viņš (He)	Strādā	Strādāja	Strādās	Ir strādājis	Bija strādājis	Būs strādājis	Lai strādā
1.p.pl.	Mēs (We)	Strādājam	Strādājām	Strādāsim	Esam strādājuši	Bijām strādājuši	Būsim strādājuši	Strādāsim
2.p.pl.	Jūs (You)	Strādājat	Strādājāt	Strādāsiet	Esat strādājuši	Bijāt strādājuši	Būsiet strādājuši	Strādājiet
3.p.pl.	Viņi (They)	Strādā	Strādāja	Strādās	Ir strādājuši	Bija strādājuši	Būs strādājuši	Lai strādā

Conjunctive		Participles	
Present	Strādājot	Present active 1(Adj.)	Strādājošs
Past	Esot strādājis	Present active 2 (Adv.)	Strādādams
Future	Strādāšot	Present active 3 (Adv.)	Strādājot
Imperative	Lai strādājot	Present active 4 (Obj.)	Strādājam
Conditional		Past active	Strādājis
Present	Strādātu	Present passive	Strādājams
Past	Būtu strādājis	Past passive	Strādāts
Debitive		**Nominal forms**	
Indicative	(Būt) jāstrādā	Infinitive	Strādāt
Conjunctive 1	Esot jāstrādā	Negative infinitive	Nestrādāt
Conjunctive 2	Jāstrādājot	Verbal noun	Strādāšana

To write (rakstīt)

		Indicative						Imperative
		Present	Past	Future	Complex present	Complex past	Complex future	
1.p.sg.	Es (I)	Rakstu	Rakstīju	Rakstīšu	Esmu rakstījis	Biju rakstījis	Būšu rakstījis	
2.p.sg.	Tu (You)	Raksti	Rakstīji	Rakstīsi	Esi rakstījis	Biji rakstījis	Būsi rakstījis	Raksti
3.p.sg.	Viņš (He)	Raksta	Rakstīja	Rakstīs	Ir rakstījis	Bija rakstījis	Būs rakstījis	Lai raksta
1.p.pl.	Mēs (We)	Rakstām	Rakstījām	Rakstīsim	Esam rakstījuši	Bijām kļuvuši	Būsim rakstījuši	Rakstīsim
2.p.pl.	Jūs (You)	Rakstāt	Rakstījāt	Rakstīsiet	Esat rakstījuši	Bijāt rakstījuši	Būsiet rakstījuši	Rakstiet
3.p.pl.	Viņi (They)	Raksta	Rakstīja	Rakstīs	Ir rakstījuši	Bija rakstījuši	Būs rakstījuši	Lai raksta

Conjunctive		Participles	
Present	Rakstot	Present active 1(Adj.)	Rakstošs
Past	Esot rakstījis	Present active 2 (Adv.)	Rakstīdams
Future	Rakstīšot	Present active 3 (Adv.)	Rakstot
Imperative	Lai rakstot	Present active 4 (Obj.)	Rakstām
Conditional		Past active	Rakstījis
Present	Rakstītu	Present passive	Rakstāms
Past	Būtu rakstījis	Past passive	Rakstīts
Debitive		**Nominal forms**	
Indicative	(Būt) jāraksta	Infinitive	Rakstīt
Conjunctive 1	Esot jāraksta	Negative infinitive	Nerakstīt
Conjunctive 2	Jārakstot	Verbal noun	Rakstīšana